FORUM PSYCHOLOGIE 8

Johannes Moskaliuk

Individuelles Lernen und kollaborative Wissenskonstruktion mit Wikis

Ko-Evolution zwischen kognitiven und sozialen Systemen

Martin Meidenbauer Verlagsbuchhandlung

Dissertation der Fakultät für Informations- und
Kognitionswissenschaften der Eberhard-Karls-Universität
Tübingen zur Erlangung des Grades eines Doktors der
Naturwissenschaften (Dr. rer. nat.).

Tag der mündlichen Qualifikation: 10.02.2010
Dekan: Prof. Dr.-Ing. Oliver Kohlbacher
1. Berichterstatter: Prof. Dr. Ulrike Cress
2. Berichterstatter: Prof. Dr. Dr. Friedrich W. Hesse
3. Berichterstatter: Prof. Dr. Peter Reimann

Bibliografische Information der Deutschen
Nationalbibliothek

Die Deutsche Nationalbibliothek verzeichnet diese
Publikation in der Deutschen Nationalbibliografie;
detaillierte bibliografische Daten sind im Internet
über http://dnb.d-nb.de abrufbar.

© 2010 Martin Meidenbauer
Verlagsbuchhandlung, München

Umschlagabbildung: © fastduck/photocase.com

Printed in Germany

Gedruckt auf
chlorfrei gebleichtem, säurefreiem und
alterungsbeständigem Papier (ISO 9706)

m-press ist ein Imprint der
Martin Meidenbauer Verlagsbuchhandlung

ISBN 978-3-89975-716-3

Verlagsverzeichnis schickt gern:
Martin Meidenbauer Verlagsbuchhandlung
Erhardtstr. 8
D-80469 München

www.m-verlag.net

Vorwort

Mein Dissertationsprojekt konnte ich in einem anregenden und professionellen Forschungsumfeld am *Institut für Wissensmedien* und am *Lehrstuhl für angewandte Kognitionspsychologie und Medienpsychologie* am Psychologischen Institut der *Universität Tübingen* durchführen. Hier sei insbesondere Prof. Dr. Dr. Hesse gedankt.

Wertvolle Anregungen und Hinweise habe ich von meiner Betreuerin Prof. Dr. Ulrike Cress erhalten, die die Arbeitsgruppe *Design und Implementation* am Institut für Wissensmedien leitet. Die im Kapitel 6 vorgestellten Arbeiten sind in enger Zusammenarbeit mit ihr und mit Dr. Joachim Kimmerle entstanden, mit dem ich im Projekt *Kooperative Wissenskonstruktion mit Wikis* im Rahmen des Eliteprogramms für Postdoktorandinnen und Postdoktoranden der Landesstiftung Baden-Württemberg zusammenarbeiten konnte. Die im Kapitel 5 vorgestellten Arbeiten sind in Kooperation mit Prof. Dr. Andreas Harrer von *der Katholischen Universität Eichstätt-Ingolstadt* entstanden. Durch meine Einbindung in die *Leibniz Graduate School for Knowledge Media Research* (unter Leitung von Prof. Dr. Cress und Prof. Dr. Dr. Hesse in Zusammenarbeit mit der Arbeitsgruppe *Wissenserwerb mit Cybermedia* des Instituts für Wissensmedien von Prof. Dr. Schwan und dem Psychologischen Institut der Universität Tübingen, vertreten durch Prof. Dr. Diehl und Prof. Dr. Heller) konnte ich vom Austausch mit den Stipendiatinnen und Stipendiaten Christoph Held, Eva Schwämmlein und Christina Schwind sowie den Kolleginnen Dr. Christina Matschke und Dr. Katrin Wodzicki profitieren. Nicht zuletzt hat meine Frau Ingrid Moskaliuk-Gastel Anteil am Erfolg meines Dissertationsprojekts. Sie hat das Werden der Arbeit interessiert begleitet und mich in Höhen und Tiefen unterstützt. Allen Genannten gilt mein ausdrücklicher und herzlicher Dank.

Inhalt

Abbildungsverzeichnis

Verzeichnis der Tabellen

1 Überblick und Zusammenfassung

In dieser Arbeit wird am Beispiel der Technologie Wiki individuelles Lernen und kollaborative Wissenskonstruktion im Web 2.0 beschrieben und untersucht. Dabei interessiert das Zusammenspiel zwischen dem Wissen einzelner Individuen[1] und dem Wissen einer Community, das als Information in einem Wiki repräsentiert ist.

In der Einführung (Kapitel 2) wird die Bedeutung des Web 2.0 für Lernen und Wissenskonstruktion diskutiert und die Technologie Wiki vorgestellt. Eingegangen wird auf Anwendungsmöglichkeiten von Wikis in Schulen, Hochschulen und Betrieben (Moskaliuk, 2008a, 2008b, 2008c). Diskutiert wird das Prinzip Wiki (Moskaliuk, 2008b; Moskaliuk & Kimmerle, 2009a), das nicht die Technologie an sich, sondern funktionale und psychosoziale Aspekte in den Vordergrund stellt. Außerdem wird die Zielsetzung der Arbeit konkretisiert (Kapitel 2.4).

Bevor im Kapitel 4 das Modell der Ko-Evolution von Cress und Kimmerle (2008a) vorgestellt, wird im Kapitel 3 auf dessen theoretische Grundlagen eingegangen. Thematisiert wird der Unterschied von individuellem Lernen in Gruppen (Kapitel 3.1) und Wissenskonstruktion in Gruppen (Kapitel 3.2). Außerdem werden Wechselwirkungen von Individuen und Community (Kapitel 3.3) diskutiert. Im Kapitel 3.4 wird die Systemtheorie Luhmanns und ihre Bedeutung für das Verständnis von individuellem Lernen und kollaborativer Wissenskonstruktion vorgestellt (vgl. Kimmerle, Moskaliuk, & Cress, 2009a). Dann wird die konstruktivistische Perspektive auf Lernen und Wissenskonstruktion beschrieben.

Im empirischen Teil der Arbeit werden sowohl quantitative als auch qualitative Untersuchungsmethoden eingesetzt. Am Beispiel der Online-Enzyklopädie Wikipedia wird eine Netzwerkanalyse eines Artikelkorpus durchgeführt und die zugehörige Autoren-Community analysiert. Durch die Betrachtung des Artikelnetzwerkes und der zugehörigen Autoren-Community kann die Ko-Evolution des sozialen Systems Wikipedia und der kognitiven Systeme der Autoren untersucht werden (Harrer, Moskaliuk, Kimmerle, & Cress, 2008; Kimmerle, Moskaliuk, Cress, & Harrer, im Druck; Moskaliuk, 2008f). Die Ergebnisse werden in Kapitel 5 berichtet. Im Kapitel 6 werden fünf Laborexperimente vorgestellt, die unterschiedliche Formen der Inkon-

---

[1] In dieser Arbeit werden nicht die Unterschiede zwischen Frauen und Männern im Bezug auf individuelles Lernen und kooperative Wissenskonstruktion untersucht. Deshalb wird (wo eine beide Geschlechter einschließende Formulierung grammatikalisch nicht sinnvoll erscheint) jeweils nur die männliche Form verwendet. Die weibliche Form ist jeweils mitgemeint.

gruenz zwischen dem Wissen der Lernenden und den Informationen innerhalb eines Wikis untersuchen (Kimmerle, Moskaliuk, & Cress, 2008, 2009b; Moskaliuk, Kimmerle, & Cress, 2008, im Druck).

Eine abschließende Diskussion im Kapitel 7 zeigt methodische Weiterentwicklungsmöglichkeiten auf und versucht die beiden Untersuchungsmethoden Netzwerkanalyse und Laborexperimente zu integrieren. Außerdem werden Vorschläge für die theoretische Weiterentwicklung des Modells der Ko-Evolution diskutiert und ein Ausblick auf weitere Forschungsfragen gegeben.

Die in dieser Dissertation präsentierten Ergebnisse und die theoretische Weiterentwicklung wurde bereits auf wissenschaftlichen Tagungen präsentiert bzw. in Konferenzbänden und Zeitschriften veröffentlicht oder zur Veröffentlichung eingereicht.

- Die Ergebnisse der Studie 1 wurden in den Proceedings zur *ICLS 2008* (Moskaliuk, Kimmerle, & Cress, 2008) veröffentlicht und im *Journal of Computer Assisted Learning* (Moskaliuk, Kimmerle & Cress, im Druck) zur Veröffentlichung angenommen.
- Ein Überblick über die Ergebnisse der Studien 1 und 3 sind veröffentlicht in den Proceedings zur *WikiSym 2009* und zur *CSCL 2009* (Kimmerle, Moskaliuk & Cress, 2009b, 2009a).
- Die Ergebnisse zur soziale Netzwerkanalyse sind veröffentlicht in den Proceedings zur *WikiSym 2008* (Harrer, Moskaliuk, Kimmerle & Cress, 2008), im Überblick dargestellt in einem Buchbeitrag (Moskaliuk, 2008e) und im Druck bei *Information, Communication and Society* (Kimmerle, Moskaliuk, Cress, & Harrer, im Druck).
- Veröffentlichungen in *Development and Learning in Organization* (Moskaliuk & Kimmerle, 2009a) und im Herausgeberband *Konstruktion und Kommunikation von Wissen mit Wikis* thematisieren das Prinzip Wiki (Moskaliuk, 2008d) und diskutieren die theoretische Fundierung (Moskaliuk, 2008g).
- Weitere praxisorientierte Veröffentlichungen (Moskaliuk, a,b,c,f; Moskaliuk & Kimmerle, 2009b) beleuchten die Anwendungsmöglichkeiten von Wikis im Wissensmanagement.
- Eine im Onlinejournal *eleed* veröffentlichte Studie untersucht den Einsatz des Web 2.0 in Forschung und Wissenschaft (Koch & Moskaliuk, 2009).
- Eine Veröffentlichung im Handbuch *Handbook of Research on Web 2.0, 3.0, and X.0* thematisiert individuelles Lernen und kollaborative Wissenskonstruktion in nutzergenerierten virtuellen Onlinewelten (Moskaliuk, Kimmerle & Cress, 2009b).

2 Einführung

In den letzten Jahren hat sich das *World Wide Web* zu einem sogenannten *Web 2.0* (O'Reilly, 2005; Birdsall, 2007; Murugesan, 2007) weiterentwickelt. Grundlage dafür sind technische Innovationen, die z.b. den Austausch von Inhalten über Geräte- und Anwendungsgrenzen hinweg mit Hilfe von offenen Schnittstellen ermöglichen und den lokalen Desktop zunehmend durch den Browser als zentrale Schnittstelle ersetzen (Alby, 2008). Es entstehen neue interaktive Technologien und Dienste wie Wikis, Blogs, Podcasts, Folksonomies, File-Sharing-Dienste und virtuelle Onlinewelten (Richardson, 2006; Brown, Green, & Robinson, 2007). Gleichzeitig hat die technische Entwicklung des Web 2.0 auch Auswirkungen auf den Umgang mit Daten, Informationen und Wissen (Kolbitsch & Maurer, 2006; Tredinnick, 2006): Die Nutzer werden aktiv an der Erstellung von Web-Inhalten beteiligt, die Grenze zwischen Konsumenten und Produzenten von Wissen verschwindet zunehmend.

2.1 Lernen im Web 2.0

Die Entwicklung des Web 2.0 hat Auswirkungen auf das Lernen (Barnes, 2007; Sigala, 2007; Ullrich u. a., 2008). Das einzelne Individuum kann sich an der kollektiven Weiterentwicklung von Wissen beteiligen und selbst von der großen Menge an weltweit verfügbarem Wissen profitieren. Lernen im konstruktivistischen Sinne wird durch die im Web 2.0 verfügbaren Angebote verstärkt: Ein Individuum lernt selbstgesteuert und problemorientiert in informellen Lernräumen. Damit wird es Mitglied einer *Community of Practice* (Lave, 1991; Lave & Wenger, 1991), die gemeinsame Interessen hat, vor ähnlichen Problemen steht und so neues Wissen konstruiert. Dabei ist die Community of Practice nicht mehr nur lokal bedeutsam, z.b. innerhalb eines Unternehmens oder einer anderen Wissensorganisation, sondern wird zur virtuellen bzw. elektronischen Community of Practice (Wasko & Faraj, 2005). Das führt zu bisher unbekannten Dimensionen: Große Nutzermassen können gemeinsam an geteilten Artefakten arbeiten. Das ermöglicht nicht nur Prozesse der Kumulation des Wissens, bei der das Wissen der einzelnen zusammengetragen und anderen zugänglich wird, sondern auch Prozesse der Emergenz (Holland, 1998; Johnson, 2001), durch die neues Wissen entsteht. Emergenz meint dabei, dass Strukturen und Phänomene auf einer höheren Ebene nicht mehr nur auf die Eigenschaften und Verhaltensweisen der einzelnen Elemente zurückzuführen sind, sondern nur durch deren synergetisches Zusammenspiel erklärt werden können. Diskutiert wird dieser Sachverhalt z.b. unter dem Stichwort „Wisdom of the crowd" (Arazy, Morgan, & Patterson, 2006; Surowiecki, 2005): Die Weisheit der Massen macht es z.b. möglich, dass eine umfangreiche und qualitativ hochwertige Online-Enzyklopädie Wikipedia entsteht.

Damit ist das Web 2.0 nicht mehr allein technisches Medium, das den Austausch von Wissen unterstützt, sondern erhält eine soziale Dimension. Das Web als „Social Web" unterstützt die soziale Interaktion und fördert damit die Bildung von virtuellen Gemeinschaften (Tepper, 2003). Deshalb wird oft der Begriff Social Software synonym mit dem Begriff Web 2.0 verwendet. Klobas (2006) definiert: „Social Software includes any software tool that brings people together and supports group interaction" (S.1). Schmidt (2006) schlägt drei Einsatzbereiche von Social Software vor: Informationsmanagement, Identitätsmanagement und Beziehungsmanagement. Die Nutzer des Social Web helfen sich gegenseitig Informationen zu finden, zu bewerten und zu strukturieren, zum Beispiel mit Hilfe von Social Tagging (*Informationsmanagement*). Das Social Web bietet eine Plattform, um sich selbst darzustellen, zum Beispiel in einem eigenen Blog (*Identitätsmangement*). Und das Social Web ermöglicht es, vorhandene Kontakte zu pflegen und neue Kontakte zu knüpfen, zum Beispiel in einer Social Community (*Beziehungsmanagement*).

Diese soziale Dimension des Webs ist aber nur ein Aspekt des Web 2.0, ein weiterer ist die oben bereits diskutierte Dimension der Emergenz. Der Mehrwert des Web 2.0 gegenüber dem Web 1.0 entsteht nicht nur direkt durch die Interaktion und den Austausch mit anderen Nutzern. Auch die Möglichkeit, unterschiedliche Inhalte miteinander zu verknüpfen, zu strukturieren, Beziehungen und Gegensätze zu erkennen und so neues Wissen zu konstruieren, generiert einen Mehrwert. Das zeigt sich zum Beispiel, wenn Artikel der Online-Enzyklopädie Wikipedia, die mit Geotags[2] versehen werden, automatisch in einer Landkarte bei maps.google.com eingebunden werden, und so geografische Inhalte lokalisierbar werden oder wenn in einem Social-Tagging-Dienst die Gewichtung der Tags aus der Ähnlichkeit mit der Suchanfrage oder der Stärke von relationalen Beziehungen berechnet werden. Diese automatische Kombination von Daten kann als computationale Emergenz beschrieben werden. Dabei sind auch bei dieser computationalen Dimension der Emergenz die von den Nutzern erstellten Inhalte Grundlage für das Entstehen von neuem Wissen, auch hier ist der Mehrwert also zunächst sozial von anderen Nutzern bedingt. Durch die Weiterverarbeitung oder Kombination von Inhalten entsteht aber zusätzlich eine Emergenz von Wissen. Das Konzept eines *Semantischen Webs* als Erweiterung des bisherigen Webs verdeutlicht diesen Aspekt (Berners-Lee, Hendler, & Lassila, 2001). Durch die Anreicherung von Daten mit semantischen Metainformationen werden diese von Maschinen verstehbar und ermöglichen Wissensemergenz.

---

[2] Mit Hilfe von Geotags können digitale Ressourcen wie Bilder oder lokale Webseiten mit ortsbezogenen Metainformationen versehen werden.

Gleichzeitig kann Emergenz von Wissen aber auch entstehen, wenn die Kombination von Inhalten nicht computational oder mit Hilfe semantischer Technologien geschieht, sondern durch die Beteiligung einer großen Menge von Menschen. Bestes Beispiel ist auch hier die Online-Enzyklopädie Wikipedia. Durch die Zusammenarbeit vieler Freiwilliger entsteht eine Enzyklopädie von großer Qualität, die weit mehr ist als die Summe des Wissens der einzelnen Mitglieder.

2.2 Web 2.0 in Schule, Hochschule und Betrieben

Das Potenzial des Web 2.0 für den Erwerb und die Kommunikation von Wissen in unterschiedlichen Bereichen wurde mittlerweile erkannt und wird breit diskutiert. Dabei wird vor allem das Potenzial von Web 2.0-Technologien für kollaboratives Lernen betont (Clark, Logan, Luckin, Mee, & Oliver, 2009; Hemmi, Bayne, & Land, 2009; Kesim & Agaoglu, 2007; Pachler & Daly, 2009; Rollett, Lux, Strohmaier, & Dosinger, 2007). An Schulen werden Web 2.0-Tools eingesetzt, um kollaboratives, selbstgesteuertes Lernen zu fördern. Insbesondere für Wikis finden sich hier zahlreiche Einsatzmöglichkeiten (Cole, 2009; Forte & Bruckman, 2006; Guth, 2007). Sie werden z.b. als Diskussionsplattform eingesetzt (Honegger, 2005; Mitchell, 2006), als Tool, das kollaboratives Schreiben ermöglicht (Forte & Bruckman, 2007; Honegger, 2006), oder als kollaborativ erstelltes Lehrbuch (Ravid, Kalman, & Rafaeli, 2008).

In der Lehre an Hochschulen werden z.b. Wikis eingesetzt, um den Austausch von Wissen innerhalb einer Gruppe von Lernern zu fördern (Bold, 2006; Tetard, Patokorpi, & Packalen, 2009), zur Koordination und Verwaltung von Lehrveranstaltungen (Xu, 2007), oder um Lernende zur Mitarbeit zu motivieren (Cole, 2009). Auch Blogs werden eingesetzt, z.b. um den Austausch von Wissen zwischen Studierenden, die an einem Fernlernkurs (Kerawalla, Minocha, Kirkup, & Conole, 2009) teilnehmen, zu fördern

In Unternehmen werden Einsatzmöglichkeiten des Web 2.0 unter dem Schlagwort Enterprise 2.0 (Koch & Richter, 2007; McAfee, 2006) breit diskutiert. Mit Begriffen wie Wiki-Management (Komus & Wauch, 2008) oder Wikinomics (Tapscott & Williams, 2006) werden dabei ganz im Sinne des Web 2.0 technologische Änderungen genauso wie Auswirkungen auf eine offenere Unternehmenskultur thematisiert (Moskaliuk & Kimmerle, 2009a). Möglich ist ein Einsatz von Web 2.0-Werkzeugen z.B. im Wissensmanagement (Levy, 2009), um den Austausch von Erfahrungswissen zu fördern (Ras, Avram, Waterson, & Weibelzahl, 2005), zur Projektkoordination (Louridas, 2006), zur Außenkommunikation (Dwyer, 2007) oder zur Pflege von Kundenbeziehungen (Benner, 2007).

17

Auch im Bibliothekswesen werden Technologien und Konzepte des Web 2.0 eingesetzt (Danowski & Heller, 2006): Bibliothekskataloge werden mit Hilfe von Social-Tagging strukturiert (Hänger, 2008), Blogs und Wikis werden eingesetzt, um Fachkollegen und andere Interessierte über aktuelle Entwicklungen zu informieren (Stabenau, 2007), Benutzer werden in der nutzergenerierten virtuellen Onlinewelt Second Life informiert und betreut (Buzinkay, 2007).

2.3 Das Prinzip Wiki

Die vorliegende Arbeit stellt die Technologie Wiki in den Mittelpunkt, um individuelles Lernen und kollaborative[3] Wissenskonstruktion im Web 2.0 zu untersuchen. Dabei wird das Wiki nicht als technisches Werkzeug verstanden, sondern vielmehr als ein Prinzip (Leuf & Cunningham, 2001; Kirst, 2008; Tapscott & Williams, 2006), welches unabhängig von der konkreten technischen Implementation geeignet ist, die Konstruktion und Kommunikation von Wissen zu unterstützen. Folgende relevante Aspekte lassen sich zusammenfassen:

- Wikis benötigen keine spezielle Software, sind schnell und einfach zu editieren und können so Leser als Autoren aktiv in die Erstellung von Inhalten mit einbinden. Die Grenze zwischen Produzenten und Konsumenten ist aufgehoben.
- Mit Hilfe von Links können einzelne Seiten des Wikis miteinander verbunden werden. Durch die nicht-hierarchische Navigationsstruktur ist so eine assoziative Weiterentwicklung des Wissens möglich.
- Die Interaktion wird mediiert durch ein geteiltes digitales Artefakt. Der Fokus liegt auf dem kollaborativ erstellten Text.
- Eine große Menge von Nutzern arbeitet freiwillig an der Weiterentwicklung des Wikis mit. Lernen ist damit in informellen und selbstgesteuerten Settings möglich.

Damit bietet ein Wiki zahlreiche Möglichkeiten (Moskaliuk, 2008f) für das kollaborative Schreiben, für den Austausch von Informationen, Meinungen und Ideen, für das Organisieren persönlicher Informationen, für das Projekt-

---

[3] Der Duden „Die deutsche Rechtschreibung" kennt das Adjektiv „kollaborativ" nicht, was ein Hinweis darauf ist, dass das Wort in der deutschen Sprache nicht existiert. Trotzdem wird es hier in Analogie zum englischen Begriff „collaborative" verwendet. Gemeint ist damit, in Abgrenzung vom englischen Begriff „cooperative", eine Zusammenarbeit zwischen Individuen mit dem Ziel, ein gemeinsames Verständnis eines Problems oder Sachverhaltes (mutual understanding) zu erreichen und aufrecht zu erhalten. Der Begriff Kooperation beschreibt dagegen eine nicht näher definierte Interaktion zwischen Individuen, die auch eine lediglich arbeitsteilige Erarbeitung von Inhalten und eine spätere gemeinsame Nutzung meinen kann (Dillenbourg, 1999).

management und nicht zuletzt für individuelles Lernen und kollaborative Wissenskonstruktion. Während bei Blogs oder File-Sharing-Systemen der Fokus eher auf dem Sammeln von Inhalten liegt, haben Wikis das Potenzial, die Kooperation und Interaktion mit anderen Nutzern zu unterstützen (Kim, Han, & Han, 2006; Reinhold, 2006; Wang & Turner, 2004; Yukawa, 2006).

2.4 Zielsetzung der Arbeit

Die technologischen und kulturellen Änderungen des Web 2.0 verändern den Umgang mit Informationen und Wissen und beeinflussen individuelles Lernen und kollaborative Wissenskonstruktion in Schulen, Hochschulen und Betrieben, aber auch in informellen und selbstgesteuerten Lernsettings. Der Einsatz von Wikis und anderen Web 2.0-Tools scheint die Garantie für erfolgreiches Lernen zu sein. Dabei besteht die Gefahr, umfangreiche Forschung zum kollaborativen Lernen in formalen Settings (für einen Überlick siehe z.b. O'Donnell & O'Kelly, 1994 oder Webb & Palincsar, 1996), sowie eine lange Forschungstradition im Bereich des computerunterstützten kollaborativen Lernens (siehe für einen Überblick Stahl, Koschmann, & Suthers, 2006) und Arbeiten zum interpersonellen Austausch von Wissen zu übersehen (siehe nächstes Kapitel).

Die Herausforderung besteht deshalb darin, einerseits die technologischen und kulturellen Neuerungen eines Web 2.0 und deren Einfluss auf individuelles Lernen und kollaborativen Wissenskonstruktion zu berücksichtigen, sie aber andererseits vor dem Hintergrund vorhandener Forschung zu verstehen. Daraus ergibt sich die Notwendigkeit, individuelles Lernen und kollaborative Wissenskonstruktion mit Wikis nicht nur zu beschreiben, sondern auch empirisch zu untersuchen. Die vorliegende Arbeit stellt sich der Herausforderung und untersucht ausgehend vom Modell der Ko-Evolution (Cress & Kimmerle, 2007, 2008a) individuelles Lernen und kollaborative Wissenskonstruktion mit Wikis.

Zunächst werden im Kapitel 3 die theoretischen Grundlagen diskutiert. Einführend wird eine Übersicht über Ergebnisse zum interpersonalen Transfer von Wissen gegeben und auf Modelle eingegangen, welche die kollaborative Konstruktion von Wissen beschreiben. Dann wird die Theorie sozialer Systeme von Niklas Luhmann (1995) und der Ansatz von Jean Piaget (1970) vorgestellt. In Kapitel 4 wird das Modell der Ko-Evolution eingeführt, das relevante Austauschprozesse zwischen dem kognitiven System eines Individuums und dem sozialen System Wiki beschreibt. Mit Hilfe netzwerkanalytischer Methoden wurde die Ko-Evolution an einem Artikelkorpus aus der Online-Enzyklopädie Wikipedia und der dazugehörenden Autoren-Community analysiert und visualisiert (Kapitel 5). Schwerpunkt der Arbeit sind fünf experimentelle Laborstudien, in denen unterschiedliche Formen der

Inkongruenz zwischen eigenem Wissen und Informationen in einem Wiki als Auslöser für individuelles Lernen und kollaborative Wissenskonstruktion untersucht wurden. Diese werden in Kapitel 6 dargestellt. Im letzten Kapitel der Arbeit werden die Ergebnisse, die in Kapitel 5 und 6 präsentiert wurden, kritisch diskutiert und ein Ausblick auf weitere Forschungsfragen gegeben.

3 Theoretische Grundlagen

Dieses Kapitel diskutiert Ansätze, die für das individuelle Lernen und die kollaborative Wissenskonstruktion mit Wikis relevant sind und gibt einen Überblick über die theoretischen Grundlagen des Modells der Ko-Evolution, das im nächsten Kapitel vorgestellt wird. Zunächst wird eine Übersicht über Ergebnisse zum interpersonalen Transfer von Wissen gegeben (Abschnitt 3.1) und auf Modelle eingegangen, die die kollaborative Konstruktion von Wissen beschreiben (Abschnitt 3.2). Thematisiert werden außerdem Modelle, die sowohl den interpersonalen Transfer von Wissen als auch die kollaborative Konstruktion von Wissen beschreiben (Abschnitt 3.3). Dann wird die Theorie sozialer Systeme von Niklas Luhmann vorgestellt (Abschnitt 3.4). Dabei wird eine Einschränkung auf Aspekte vorgenommen, die für das Modell der Ko-Evolution und die für das individuelle Lernen und die kollaborative Wissenskonstruktion mit Wikis relevant erscheinen. Im Abschnitt 3.5 wird der Ansatz Piagets beschrieben.

3.1 Individuelles Lernen in Gruppen

Ziel kooperativer Lernsettings ist es, den interpersonalen Austausch von Wissen zu fördern und so einen Mehrwert gegenüber individuellem Lernen zu generieren. Durch ein höheres Interesse und eine Steigerung der Motivation sollen individuelle Lernprozesse unterstützt werden, Lerner zur tieferen Verarbeitung des Lernstoffs und zur Auseinandersetzung mit anderen Positionen und Meinungen angeregt werden. Es zeigt sich allerdings auch, dass in Gruppen der interpersonale Austausch von Wissen nicht selbstverständlich ist und nicht uneingeschränkt passiert. Forschungsarbeiten, die *Hidden Profiles*[4] (Stasser & Titus, 2003) einsetzen, um das *Information Sampling Modell* zu untersuchen, belegen, dass der Austausch von ungeteiltem Wissen in Gruppen nur in beschränktem Maße geschieht (z.B. Stasser & Titus, 1985; Wittenbaum, Hollingshead, & Botero, 2004). Kleingruppen, die Entscheidungen treffen müssen, tun dies eher auf der Grundlage geteilter Informationen (die zu Beginn der Diskussion schon allen Gruppenmitgliedern zugänglich waren). Ungeteilte

---

[4] Als Hidden Profile wird ein experimentelles Paradigma bezeichnet, mit dem der Wissensaustausch und die Entscheidungsfindung in Gruppen untersucht werden kann. In der Entscheidungssituation ist ein Teil der Informationen zwischen den Gruppenmitgliedern geteilt (alle Mitglieder kennen diese Information bereits vor der Diskussion), ein anderer Teil ungeteilt (also nur einem Gruppenmitglied bekannt). Die Informationen sind so konstruiert, dass geteilte und ungeteilte Informationen unterschiedliche Entscheidungen nahe legen. Die ungeteilten Informationen sind also für die korrekte Entscheidung wichtig. Die Gruppe kann nur eine richtige Entscheidung treffen, wenn die ungeteilten Informationen von den Mitgliedern in die Diskussion eingebracht werden.

Informationen (die also nur bestimmten Mitgliedern zugänglich waren) werden mit geringerer Wahrscheinlichkeit den anderen Mitgliedern mitgeteilt und ihnen wird in der Gruppendiskussion und für die spätere Entscheidung weniger Beachtung geschenkt (Wittenbaum, Hubbell, & Zuckerman, 1999). Dies zeigt, dass zum einen die Externalisierung von eigenem Wissen in einem kollaborativen Setting nicht ohne Einschränkungen passiert und zum anderen, dass das in einer Gruppe vorhandene Wissen nicht immer von den anderen Mitgliedern der Gruppe auch internalisiert wird (was eine wesentliche Vorraussetzung für Lernprozesse ist).

Das zeigt auch Forschung im Bereich des computerunterstützten kollaborativen Lernens. Studien von Fischer und Mandl (2005), Jeong und Chi (1997) und Weinberger, Stegmann und Fischer (2007) finden, dass der Austausch von ungeteiltem Wissen in kollaborativen Lernsettings weniger oft geschieht als erwartet. Der Vorteil kollaborativen Lernens liegt offensichtlich nicht in der Möglichkeit, von dem Wissen der anderen Lerner zu profitieren, sondern in *Selbsterklärungseffekten* (Chi, Bassok, Lewis, Reimann, & Glaser, 1989; Webb, 1991; Renkl, 2002). Wenn ein Lerner einem Lernpartner etwas erklärt und Fragen beantwortet, wird eigenes Wissen tiefer elaboriert. Die Externalisierung von eigenem Wissen fördert das individuelle Lernen. Die kollaborative Wissenskonstruktion und individuelles Lernen bei den Lernpartnern, denen das Wissen präsentiert wird, findet kaum statt. Das bestätigt auch Forschung zu nicht computervermittelten kollaborativen Lernmethoden, wie z.B. das *Reciprocal Teaching* (Palincsar & Brown, 1984) oder dem *Guided Reciprocal Peer Questioning* (King, 1999), in dem die Rollen des Erklärenden und des Fragenden abgewechselt werden oder Schüler abwechselnd die Rolle des Lehrers übernehmen. Die Lerner, die anderen ihr Wissen erklären, lernen mehr als die Personen, denen etwas erklärt wird. Ergebnisse zu anderen Methoden des kollaborativen Lernens, wie z.B. des Gruppen-puzzles (Aronson & Patnoe, 1997) oder der Methode der *Student Teams Achievement Divisions* (Slavin, 1978) bestätigen das. Vor allem die Lerner, die bereits über mehr Wissen verfügen, profitieren vom Austausch ihres Wissens (O'Donnell & O'Kelly, 1994), die anderen Mitglieder der Gruppe internalisieren dieses Wissen nur in beschränktem Maße und integrieren es nicht in eigene Wissensstrukturen.

Zu nennen ist außerdem Forschung zum Informationsaustausch-Dilemma (Cress, 2006; Kimmerle & Cress, 2009). Bei einem sozialen Dilemma (Dawes, 1980; Dawes & Messick, 2000; Hardin, 1968) handelt es sich um eine Situation, in der sich die individuelle Interessen einer Person und die Interessen einer Gruppe von Personen widersprechen. Ein Individuum muss sich also entscheiden, ob es sich kollaborativ im Sinne der Gruppe verhält oder egoistisch und kompetitiv. Das lässt sich übertragen auf den Austausch von Informationen, zum Beispiel über ein Wiki, wenn diese Situation als ein Beitragsdilemma verstanden wird, in dem es darum geht, als öffentliches Gut eine möglichst umfangreiche Wissenssammlung aufzubauen. Das Dilemma besteht dann zwischen dem individuellen Interesse, wenig Arbeit in den Aufbau der Wissenssammlung zu stecken, trotzdem aber vom gemeinsamen Wissen zu profitieren, und dem Interesse der Gruppe, dass sich möglichst viele Leute mit ihrem Wissen einbringen, um einen qualitativ hochwertige Wissensbasis zu schaffen (Cress, Barquero, Buder, & Hesse, 2005). Forschung zum Informationsaustausch-Dilemma fokussiert dabei vor allem motivationale und soziale Prozesse, die das Verhalten beeinflussen. Untersucht wurde z.b. die Rolle der individuellen Kosten, die für einen Beitrag entstehen (Cress, Barquero, Schwan, & Hesse, 2007; Cress, Kimmerle, & Hesse, 2006), die Anonymität der Mitglieder (Cress, 2005), die Identifizierbarkeit der Beiträge (Cress & Kimmerle, 2008b), sowie den Einfluss expliziter Richtlinien und sozialer Standards (Cress & Kimmerle, 2007). Auch der Einfluss von Persönlichkeitsfaktoren in einem Informationsaustausch-Dilemma wurde untersucht (Kimmerle & Cress, 2008; Kimmerle, Cress, & Hesse, 2007). Diese Arbeiten zum Informationsaustausch-Dilemma zeigen, dass der Austausch von Wissen in Gruppen als Voraussetzung für individuelles Lernen und kollaborative Wissenskonstruktion nicht automatisch geschieht, sondern von einer ganzen Reihe von motivationaler, sozialer und individueller Rahmenbedingungen abhängt. Dabei bleibt die kognitive Dimension aber unberücksichtigt. Offen bleibt die Frage, wann es in einem sozialen Dilemma, in dem es um den Austausch von Wissen geht, zu individuellem Lernen und kollaborativer Wissenskonstruktion kommt.

Zusammenfassend lässt sich auf Grund vorhandener Forschung sagen, dass der Austausch von Wissen und das individuelle Lernen in kooperativen Settings in weitaus geringerem Maße stattfinden, als zunächst zu erwarten wäre. Motivationale und soziale Hürden verhindern den Austausch von Informationen und Wissen in Gruppen. Individuelles Lernen findet in Gruppen nur eingeschränkt statt. Die spezifischen Bedingungen für einen interpersonalen Austausch von Wissen müssen also genau betrachtet werden, um entsprechende Interventionen umsetzen zu können.

3.2 Wissenskonstruktion in Gruppen

Den zum Teil ernüchternden Ergebnissen zum Wissensaustausch und individuellen Lernen in Gruppen stehen theoretische Ansätze gegenüber, die den Vorteil der kollaborativen Konstruktion von Wissen in Gruppen propagieren. Im Folgenden werden zwei davon eingeführt, die als Grundlage des im nächsten Kapitel vorgestellten Modells der Ko-Evolution verstanden werden können.

Das *Knowledge Creation* Modell (Nonaka, 1994; Nonaka & Takeuchi, 1995; Nonaka & Toyama, 2003) baut auf der Grundidee auf, dass der Austausch von Wissen innerhalb von (Wissen-)Organisationen zentral für den Erfolg einer Organisation und das Entstehen von Innovation ist. Dabei nehmen die Autoren an, dass innerhalb einer Organisation nur ein geringer Teil des Wissen als explizites Wissen verfügbar ist, ein weit aus größerer Teil ist als implizites oder stilles Wissen (Polanyi, 1966) in Erfahrungen, Begabungen und Fähigkeit der Mitarbeiter einer Organisation gespeichert. Dieses implizite Wissen kann nur schwer verbalisiert oder verschriftlicht und somit nicht ohne weiteres von einem Individuum auf ein anderes Individuum übertragen werden. Ziel von Wissensmanagement ist es, dieses implizite Wissen für eine Organisation verfügbar zu machen, damit das Entstehen von neuem Wissen möglich ist und dieses Wissen als entscheidender Wettbewerbsvorteil für eine Organisation genutzt werden kann. Um die Weitergabe von implizitem Wissen zu beschreiben, schlagen die Autoren vier Prozesse vor, die jeweils aufeinander aufbauen: Sozialisation, Externalisierung, Kombination und Internalisierung. Die Autoren beschreiben die Dynamik dieser ständig ablaufenden Prozesse mit Hilfe einer *Wissensspirale* (Abbildung 1).

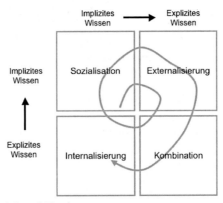

Abbildung 1: Wissensspirale nach Nonaka.

Erfahrungen können geteilt werden durch *Sozialisation*. Nur durch Beobachten und Imitieren anderer Individuen kann implizites Wissen im direkten Miteinander ausgetauscht werden. Dieses durch gemeinsame Erfahrungen gewonnene Wissen bleibt aber implizites Wissen. Deshalb ist der Prozess der *Externalisierung* notwendig: Individuen versuchen ihr implizites Wissen zu artikulieren und es dadurch explizit zu machen. Dieses explizit vorhandene Wissen kann jetzt miteinander kombiniert werden, um so neues Wissen innerhalb einer Organisation zu konstruieren. Das Teilen von explizitem Wissen ist also die Voraussetzung dafür, dass sich das in einer Organisation vorhandene Wissen durch *Kombination* weiterentwickelt. Das explizite Wissen wird nun wieder zum impliziten Wissen, indem es von den einzelnen Mitgliedern einer Organisation *internalisiert* wird. Das *Knowledge Creation* Modell beschreibt also zwei Möglichkeiten, wie neues Wissen entstehen kann: Einerseits durch den direkten Austausch von Erfahrung als *Learning by Doing*, zum anderen durch die Kombination externalisierten Wissens, das dann in einem weiteren Schritt wieder internalisiert werden muss. Der Fokus des Modells liegt nicht darauf, wie Lernprozesse eines einzelnen Individuums beschrieben werden können. Das Ziel ist vielmehr, organisationales Lernen zu verstehen, um darauf aufbauend Strategien für erfolgreiches Wissensmanagement zu entwickeln.

Das *Knowledge Building* Modell (Scardamalia & Bereiter, 2003; Scardamalia & Bereiter, 2006) versteht die Konstruktion von Wissen als einen soziokulturellen Prozess, der innerhalb einer Community stattfinden. Wissen entsteht sozial geteilt und situiert immer dann, wenn die Grenzen des Wissens einer Community erreicht sind, und die Individuen Umwelterfahrungen nicht mehr mit dem in der Community vorhandenen Wissen erklären können. Dabei unterscheiden die Autoren individuelles Lernen von Knowledge Building. Knowledge Building meint dabei das Entstehen von neuem Wissen innerhalb einer Community und die Weiterentwicklung von Ideen. Individuelles Lernen ist dabei nur ein „Nebenprodukt" des Knowledge Building. Die Autoren ziehen den Vergleich mit einer wissenschaftlichen Community (Bereiter, 2002), die neues Wissen kooperativ erarbeitet und postulieren Knowledge Building als ideale Lernform für Schulen, Hochschulen und Betriebe. Die Autoren haben selbst die Software CSILE bzw. Knowledge Forum (Scardamalia, 2003; Scardamalia, Bereiter, Lamon, & McGilly, 1994) entwickelt, die das Knowlege Building in Gruppen unterstützen soll. Diese Anwendungen stellen ein geteiltes digitales Artefakt in Form eines Diskussionsforums zur Verfügung, das als Basis für die Kollaboration der Gruppenmitglieder dient. Hier können eigene Theorien, Probleme oder Beispiele gespeichert und mit anderen geteilt werden. So wird die gemeinsame Konstruktion Wissen unterstützt.

Ein zentrales Kriterium für erfolgreiches Knowledge Building ist, dass alle Teilnehmer einer Community sich gleichberechtigt an der Lösung eines Problems beteiligen (Scardamalia, 2002; Hewitt & Scardamalia, 1998). Idealerweise handelt es sich dabei um ein authentisches Problem, das der Lebenswirklichkeit der Community-Mitglieder entnommen ist. Wichtig ist dabei, dass es bei der Konstruktion von Wissen nicht darauf ankommt, die *eine* richtige Lösung zu finden, sondern Lösungsvorschläge kritisch zu hinterfragen und sich diskursorientiert an der ständigen Verbesserung von Ideen zu beteiligen.

Das Konzept des Knowledge Building wurde in zahlreichen Studien meist in formalen Lernsettings innerhalb einer Klasse untersucht (Bereiter, 2002; Scardamalia, 2002; Scardamalia & Bereiter, 1991, 1994, 1996). Der Fokus liegt dabei auf der Implementation von Software oder didaktischen Konzepten und der anschließenden Evaluation, meist auf der Basis von Einzelbeobachtungen und qualitativen Analysen. Experimentelle Forschung, die gezielt Bedingungen manipuliert und den Einfluss auf kognitive Prozesse und individuellen Lernerfolg misst, existiert nicht. Das mag daran liegen, dass die zugrunde liegenden Prozesse beim Modell des Knowlege Building nicht näher beschrieben werden und zudem nicht von Interesse sind, da sie nur als Nebenprodukt der Kollaboration verstanden werden.

Die Ergebnisse zum individuellen Lernen in Gruppen, die im vorherigen Abschnitt vorgestellt wurden, und die theoretischen Ansätze zur kollaborativen Wissenskonstruktion, die in diesem Abschnitt diskutiert wurden, scheinen sich zu widersprechen. Während empirische Ergebnisse den individuellen Erwerb von Wissen in kollaborativen Settings nicht direkt auf den Einfluss der Gruppe zurückführen, legen die vorgestellten Modelle nahe, dass individuelles Lernen selbstverständlich in einer Community von Lernern stattfinden oder gar nur dort stattfinden kann. Neben den unterschiedlichen methodischen Herangehensweisen (Kleingruppen im Labor vs. reale Gruppen in Schulen oder Organisationen) ist ein weiterer Grund für die unterschiedlichen Ergebnisse, dass unterschiedliche Betrachtungsebenen eingenommen werden: Im ersten Fall liegt der Fokus auf dem Individuum und dessen individuellem Lernerfolg. Im zweiten Fall geht es darum, Wissenskonstruktion auf einer globaleren Ebene zu beschreiben, um Prozesse innerhalb einer Klasse, einer Organisation oder einer ganzen Gesellschaft zu verstehen. Im nächsten Abschnitt werden deshalb Ansätze vorgestellt, die versuchen, beide Betrachtungsebenen zu kombinieren.

3.3 Wechselwirkungen von Individuen und Community

Um individuelles Lernen und kollaborative Wissenskonstruktion mit Wikis zu verstehen, ist es notwendig sowohl den Aspekt des individuellen Lernens, also den Zuwachs von Wissen bezogen auf ein Individuum, als auch die Prozesse der Wissenskonstruktion in einer Community zu betrachten. Deshalb werden im Folgenden zwei Ansätze vorgestellt, die Lernen explizit in der Wechselwirkung zwischen Individuum und Community beschreiben.

Der Ansatz der *Group Cognition* (Stahl, 2006) geht davon aus, dass sich Lernen in der Interaktion mit anderen konstituiert. Dabei liegt der Fokus auf Kleingruppen, die als Motor für die Konstruktion von Wissen verstanden werden und als zentrale Analyseeinheit interessieren. Sie werden konzeptuell und analytisch unterschieden vom einzelnen Individuum einerseits und einer größeren Community, in der sich Wissen dann als soziale Praktik enkulturiert, anderseits. Untersucht wird der Ansatz der Group Cognition vor allem im Rahmen des Projekts *Virtual Math Team* (Stahl, 2009). Im Mittelpunkt steht dabei die Entwicklung einer Onlineplattform, auf der Schüler Aufgaben und Probleme aus dem Fach Mathematik lösen sollen. Beschrieben wird die Konstruktion von Bedeutung (Stahl, 2007) z.b. anhand von detaillierten Analysen von Chatprotokollen (Stahl, 2009). Das geteilte digitale Artefakt (bestehend aus den Beiträgen der einzelnen Nutzer und der Kommunikation über einen Chat) ist dabei sowohl ein Mediator zwischen dem Individuum und der gesamten Community als auch Werkzeug für die Konstruktion von Wissen. Ein Wiki kann ein mögliches Mittel für die Unterstützung von Group Cognition sein, mit dessen Hilfe Diskussion und Ergebnisse einer Gruppe dokumentiert und geteilt werden (Stahl, 2007, 2008).

Der Ansatz der Group Cognition eignet sich, um individuelles Lernen und die kollaborative Wissenskonstruktion mit Wikis zu beschreiben, da er konsequent die Interaktion zwischen Individuum und Gruppe als zentrales Moment für Lernen versteht und den Fokus auf das geteilte digitale Artefakt legt als Instanz, in der sich die Konstruktion von Bedeutung ereignet. Dabei beschränkt sich die empirische Untersuchung der Group Cognition aber auf die detaillierte Beschreibung von Einzelfällen und betont bewusst die Einzigartigkeit jeder einzelnen Gruppe und die Unmöglichkeit, Ergebnisse zu replizieren. Außerdem wird lediglich die Kleingruppe als relevante Analyseeinheit betrachtet. Individuelle kognitive Prozesse, aber auch Prozesse innerhalb einer größeren Community of Practice, die über die Kleingruppe hinausgeht, werden vernachlässigt.

Die *Cultural-Historical Activity Theory*, wie sie von Engeström (1987, 1990, 2001) vertreten wird, stellt Lernen in einen kulturellen Kontext: Individuen lösen Aufgaben und Probleme mit Hilfe kultureller Artefakte wie Werkzeuge, Symbole oder Sprache. Basierend auf den Ideen Vygotsky (1986), lässt sich eine Triangel aus Subjekt, Objekt und mediierendem Artefakt formulieren: Die Beziehung zwischen dem handelnden Subjekt und einer bestimmten Aufgabe oder einem Gegenstand (Objekt) wird beeinflusst durch handlungsleitende Artefakte. Diese Triangel kann erweitert werden um den Aspekt der historisch gewachsenen Arbeitsteilung, um Regeln, Werte und Normen einer Gesellschaft, sowie um die Community, in der eine Tätigkeit stattfindet (Cole & Engeström, 1993; Engeström, 1987; Leontjew, 1981, 1982). Dieses Aktivitätssystem bietet damit einen Analyserahmen, um den Zusammenhang zwischen Kognition und Handeln zu verstehen. Menschliche Kognition ist immer eingebettet in eine Gesellschaft, Kultur oder Community und kann nur in der Wechselwirkung zwischen Individuum und Kontext verstanden werden.

Der Ansatz der Activity Theory konzeptualisiert dabei in erster Linie menschliches Verhalten, der Fokus liegt auf der Aktivität. Die kognitive Entwicklung eines Individuum wird in Abhängigkeit vom kulturellen Kontext, in den ein Individuum eingebettet ist, verstanden; thematisiert wird die Wechselwirkung zwischen Individuum und Gruppe. Individuelles Lernen im Sinne einer Veränderung kognitiver Strukturen aufgrund von Erfahrungen interessiert dabei weniger. Das zeigt sich auch in empirischen Arbeiten, die auf der Activity Theory aufbauen. Hier werden z.b. strukturelle Veränderungen in Organisationen analysiert und evaluiert und Auswirkungen auf die Zusammenarbeit im Team untersucht (Engeström, 1993; Engeström, Engeström, & Saarelma, 1988) oder ein Unterichtskonzept entwickelt, um mit Kindern deren Leseverständnis zu trainieren (Cole & Engeström, 1993). Kognitive Veränderungen auf individueller Ebene stehen dabei nicht im Fokus.

Es gibt noch weitere Ansätze, welche die Idee aufgreifen, dass für das umfassende Verständnis von menschlicher Kognition der kulturelle, situationale oder physikalische Kontext beachtet werden muss (für einen Überblick siehe Salomon, 1993), z.B. den Ansatz der *Distributed Cognition* (Hutchins, 1995a, 1995b), der *Situated Cognition* (Greeno, 1998) oder das Konzept der *Embodied Cognition* (Clark, 1997; Gibbs, 2006). Allen Ansätzen gemeinsam ist, dass sie ein Individuum nicht isoliert betrachten, sondern letztlich immer die Gruppe, Gesellschaft oder Community berücksichtigen, die durch die Handlungen anderer Individuen, durch kulturelle Artefakte oder physikalische bzw. situationale Korrelate repräsentiert sind. Dabei bleiben diese Ansätze aber bei einer genauen Beschreibung und Konzeptualisierung von Kognition und Verhalten stehen. Wann und unter welchen Umständen individuelles Lernen stattfindet und welchen Einfluss die Gruppe dabei hat, bleibt offen.

Deutlich wird, dass zur Beschreibung und Untersuchung von Prozessen des individuellen Lernens und der kollaborativen Wissenskonstruktion mit Wikis

(1) sowohl das Individuum als auch die Gruppe als relevante Analyseeinheit betrachtet werden müssen.

(2) Lernen als wechselseitiger Austauschprozess zwischen Individuum und Community begriffen werden muss.

(3) sowohl individueller Lernerfolg als auch eine Veränderung innerhalb der Community gemessen werden müssen.

(4) das geteilte digitale Artefakt als zentrale Schnittstelle für die Austauschprozesse zwischen Individuum und Community verstanden werden muss.

(5) ein Modell erforderlich ist, aus dem sich empirisch überprüfbare Hypothesen ableiten lassen.

(6) eine methodische Vielfalt notwendig ist, in der laborexperimentelle Forschung und die Beschreibung von Einzelfällen im Feld kombiniert werden.

Als Rahmenmodell für die vorliegende Arbeit dient das Modell der Ko-Evolution von Cress und Kimmerle (2007; 2008a), das die genannten Anforderungen theoretisch und konzeptuell erfüllt und die Ableitung empirisch überprüfbarer Hypothesen ermöglicht. In den folgenden beiden Abschnitten werden zunächst die theoretischen Bezugspunkte dieses Modells vorgestellt. Als erstes wird die Systemtheorie Luhmanns beschrieben, mit der verdeutlicht werden kann, wieso die Prozesse an der Grenze zwischen Individuum und Community zentral für das Verständnis von individuellem Lernen und kollaborativer Wissenskonstruktion sind.

3.4 Luhmannsche Systemtheorie

Die Systemtheorie Luhmanns beschäftigt sich mit der Funktionsweise von Systemen. Sie kann auch als Beschreibungssprache und Analyserahmen für Prozesse des computerunterstützten kollaborativen Lernens verstanden werden. Als soziologische Systemtheorie erhebt sie den Anspruch, eine Universaltheorie zu sein, mit der einerseits die Gesellschaft im Ganzen als komplexes System, andererseits deren Teilbereiche, wie zum Beispiel die Wissenschaft (Luhmann, 1991), das Recht (Luhmann, 1993) oder die „Liebe als Passion" (Luhmann, 1982) beschrieben werden können. Dabei ergibt sich ein Spannungsverhältnis zwischen abstrakten, auf alle Systeme verallgemeinerbaren Aussagen einerseits und konkreten Annahmen andererseits. Im Folgenden wird die Systemtheorie Luhmanns deswegen nur im Überblick vorgestellt. Ziel ist, ihre theoretische Bedeutung für das später vorgestellte Modell der Ko-Evolution, aus dem sich empirisch überprüfbarer Hypothesen ableiten lassen, zu verdeutlichen. Außerdem soll das Potenzial der Systemtheorie für die Erklärung und Beschreibung von computerunterstütztem kollaborativen Lernen allgemein aufgezeigt werden. Eine weitergehende Diskussion der Anwendbarkeit der Systemstheorie Luhmanns auf das computerunterstützte kollaborative Lernen ist bei Kimmerle, Moskaliuk und Cress (2009a) zu finden.

Die Grundlage der Theorie Luhmanns (1995) ist die Differenz zwischen System und Umwelt: Alles, was nicht das System ist, ist dessen Umwelt. Damit sind nicht die Einheiten eines Systems dessen definierendes Merkmal, sondern die Abgrenzung des Systems gegenüber anderen Systemen als Umwelt (Luhmann, 1992, 2006). Luhmann unterscheidet zwischen biologischen (z.B. der menschliche Körper, Organe oder Zellen), psychischen (z.B. das kognitive System des Menschen) und sozialen Systemen (z.B. Organisationen, Schulen oder Gesellschaften). Definitorisches Merkmal dieser Systeme ist deren spezifischer systemeigener Operationsmodus. Der Operationsmodus eines biologischen Systems ist Leben. Ein psychisches System operiert mit den Modi Bewusstsein und Wahrnehmung. Hierunter subsumiert Luhmann alle kognitiven Prozesse eines Menschen, wie z.B. den Abruf von Informationen aus dem Langzeitgedächtnis (Baddeley, 1986; Baddeley, 1992), die Elaboration von vorhandenem Wissen (Craik & Lockhart, 1972) oder die Externalisierung und Internalisierung von Wissen. Der Operationsmodus eines sozialen Systems ist die Kommunikation.

Ein System ist immer dynamisch, es produziert und reproduziert sich selbst. Außerdem sind Systeme autopoietisch. Damit ist die Selbsterhaltung und Selbstorganisation von Systemen gemeint. Systeme produzieren und reproduzieren sich selbst. Hier referenziert Luhmann auf Maturana und Varela (1980, 1987; Varela, Maturana, & Uribe, 1974), die lebende Systeme, also Zellen oder Lebewesen, als autopoietisch beschreiben. Autopoietische Systeme zeichnen sich dadurch aus, dass sie die für ihre Funktionsweise notwendigen Bestandteile selbst produzieren. Luhmann adaptiert diesen Begriff und überträgt ihn auf soziale und psychische Systeme (Luhmann, 1990). Auch diese Systeme erschaffen sich permanent aus sich selbst heraus neu. So wie lebende Organismen nur Dinge aus der Umwelt aufnehmen, die für ihre Selbstreproduktion bedeutungsvoll sind, nehmen auch psychische oder soziale Systeme nur Passendes aus der Umwelt auf. Hier verwendet Luhmann den Begriff des binären Codes: Mit Hilfe des zweiwertigen Codes grenzt sich ein System von seiner Umwelt ab und erhält sich damit selbst. Es entscheidet, was anschlussfähig ist und damit Teil des Systems wird, und was nicht.

Das lässt sich gut an der Online-Enzyklopädie Wikipedia verdeutlichen: Die Inhalte der Wikipedia entwickeln sich ständig weiter, Artikel werden überarbeitet oder miteinander verlinkt, unpassende Artikel werden gelöscht. Dabei finden nur Inhalte Eingang in die Wikipedia, die zum enzyklopädischen Rahmen passen oder einen bestimmten Qualitätsstandard erreicht haben. Die bisherigen Inhalte der Wikipedia (und die Community als Teil des sozialen Systems) beeinflussen also ständig die Entscheidung über die Aufnahme oder Ablehnung von neuen Inhalten: Das System Wikipedia entwickelt sich also dynamisch und autopoietisch weiter. Der binäre Code könnte sein „relevant / nicht relevant" oder „wahr / unwahr". Die Nutzer der Wikipedia als Individuen kommen bei der systemischen Sichtweise als Betrachtungseinheit nicht vor, relevant werden sie erst, wenn sie innerhalb des sozialen Systems Wikipedia kommunizieren.

Damit ein Austausch zwischen System und Umwelt möglich ist, versteht Luhmann Systeme als offene Systeme. Durch diesen Austausch mit der Umwelt wird Ordnung aufgebaut. Ein System erhält Informationen aus seiner Umwelt, und verarbeitet diese Informationen mit dem jeweils systemeigenen Operationsmodus. Bei Sinnsystemen (zu denen psychische und soziale Systeme gehören) geht es bei diesem Austausch primär um den Austausch von Informationen. Das heißt ein System erhält Informationen aus der Umwelt und interpretiert diese Informationen mit Hilfe der ihm eigenen Operationsweise. Zentrales Anliegen der Systemtheorie Luhmanns ist es, zu verstehen, wie dynamische Systeme funktionieren und sich über die Zeit zu immer komplexeren Systemen weiterentwickeln. Luhmann baut hier konzeptuell auf der Evolutionstheorie von Darwin (1859) auf. Die Aufgabe der Evolutionstheorie besteht darin, zu erklären, wie es zur Entstehung einer Vielfalt von Arten auf der Erde kommt. Eine ähnliche Frage stellt sich in Bezug auf soziale Systeme: Wie entwickelt sich auf Grundlage von Kommunikation eine Vielzahl von Sprachen und Kulturen, wie differenziert sich das Gesamtsystem Gesellschaft in unterschiedliche Teilsysteme? Um das erklären und verstehen zu können, ist eine Systemtheorie offener Systeme notwendig: Anregungen aus der Umwelt können die Struktur eines Systems verändern. Zufällige Veränderungen (in der biologischen Evolution wären das Mutationen) führen zur Selektion neuer Strukturen. Die evolutionstheoretischen Ideen lassen sich nicht nur auf soziale Systeme übertragen, sondern treffen auch auf psychische Systeme zu: Neue Informationen oder Sinneseindrücke aus der Umwelt verändern die kognitiven Strukturen eines Individuums.

Um die Frage zu klären, wie die Differenz zwischen System und Umwelt als definitorisches Merkmal eines Systems zustande kommen kann, ist aber gleichzeitig eine Theorie geschlossener Systeme notwendig. Nur ein nach außen geschlossenes System kann auf sich selbst referenzieren und dadurch eine Unterscheidung zwischen sich selbst und der Umwelt aufbauen. Luhmann versteht deshalb die Geschlossenheit eines Systems gleichzeitig als die Voraussetzung für Offenheit: Systeme operieren also immer in sich selbst und nicht in der Umwelt, sonst wäre der Operationsmodus eines Systems und seine autopoietische Entwicklung als definitorisches Merkmal hinfällig. Systeme sind damit selbst-referentiell (Luhmann, 1990, 1986), also in ihren Operationen auf sich selbst bezogen. Um mit der Umwelt in Interaktion treten zu können, müssen Informationen aus der Umwelt in den systemeigenen Operationsmodus übersetzt werden. Luhmann (1992) verwendet hierfür den Begriff der *strukturellen Kopplung*. Damit ist gemeint, dass ein System durch Irritationen aus der Umwelt (oder aus anderen Systemen) gestört wird und diese irritierenden Informationen in den systemeigenen Operationsmodus übersetzt werden. Ein System reduziert die Komplexität der Umwelt, mit Hilfe des binären Codes entscheidet ein System über die Anschlussfähigkeit von Reizen aus der Umwelt und ermöglicht dadurch eine Koordination zwischen zwei unterschiedlichen Systemtypen, z.B. psychischen und sozialen Systemen.

Gleichzeitig ist diese Reduktion von Komplexität der Umwelt die Voraussetzung für die Steigerung von Komplexität des Systems. Ein System muss aus der großen Menge von Ereignissen in der Umwelt selektierenm, damit es mit den wenigen Einwirkungen, die es zulässt, überhaupt umgehen kann. Wenn wir als Beispiel die strukturelle Kopplung des Gehirns an die Umwelt über die Sinnesorgane heranziehen, wird die Nähe zu psychologischen Fragestellungen deutlich: Das psychische System reagiert nur auf ein kleines Spektrum von Farben oder nur auf Töne einer bestimmten Frequenz und ist deshalb nicht durch äußere Reize überlastet. Für die wenigen Irritationen, die auf das System einwirken, stehen ausreichend große Verarbeitungskapazitäten zur Verfügung. Das wiederum ist die Voraussetzung dafür, dass komplexe Strukturen aufgebaut werden können, dass also Lernen stattfinden kann. Reduzierte Außenkontakte des Gehirns führen also zu seiner starken Entwicklung.

Dies ist kompatibel mit der operativen Schließung und der Autopoiesis. Denn das Ganze funktioniert nur, weil das System nicht direkt Kontakt mit seiner Umwelt aufnimmt, sondern z.b. von akustischen Schwingungen gereizt wird und dann mit eigenen Mechanismen daraus Informationen produziert, die es so in der Umwelt gar nicht gibt, aber dort natürlich Korrelate besitzen. Hier wird Luhmanns konsequente Anwendung konstruktivistischer Ideen deutlich: Ein System nimmt letztlich immer nur die eigene Konstruktion der Umwelt wahr, niemals die Umwelt selbst.

Interessant ist nun die Frage, wie ein soziales und ein psychisches System, also zwei autopoietische Systeme, die sich in ihrem Operationsmodus unterscheiden (Kommunikation vs. Bewusstsein) aneinander gekoppelt sind. Diese strukturelle Kopplung der beiden Systeme muss es geben, denn Kommunikation ohne Bewusstsein ist nicht vorstellbar und umgekehrt. Kommunikation und Bewusstsein sind koordiniert in einer Weise, die dazu führt, dass es zu Komplexitätssteigerungen hinsichtlich von Bewusstseinsinhalten und in der sozialen Kommunikation kommt. Bei diesem Kopplungsmechanismus handelt es sich Luhmann zufolge um die Sprache. Mit Hilfe von Sprache kommt es zu einer gemeinsamen Entwicklung von Bewusstsein und Kommunikation, zur strukturellen Kopplung. Diese strukturelle Kopplung bedeutet dann, dass Sprache viele Dinge ausschließt mit dem Ziel, nur Bestimmtes einzuschließen, was wiederum die Entstehung von Komplexität erlaubt. Das führt zur Ausgangfrage zurück, wie individuelles Lernen und kollaborative Wissenskonstruktion als zwei sich wechselseitig unterstützende Prozesse, die im Individuum (im Sinne Luhmanns also in einem psychischen System) und im sozialen System stattfinden, verstanden werden können.

Hier eignet sich das bereits oben angeführte Beispiel, um den von Luhmann postulierten Prozess zu veranschaulichen: Damit das Wissen eines Individuums Eingang in die Online-Enzyklopädie Wikipedia finden kann, muss es versprachlicht werden. Nur mit Hilfe des Kopplungsmechanismus Sprache ist es möglich, mit dem sozialen System Wikipedia zu interagieren. Gleichzeitig bedeutet die Versprachlichung von Wissen einen Ausschluss bestimmter Wissensinhalte, die sich nicht oder nur unter großem Aufwand in das Format Sprache überführen lassen. Dieser Ausschlussprozess führt zu einer Steigerung von Komplexität des sozialen Systems, da nur Inhalte Eingang finden, die zu den bereits im System vorhandenen Inhalten passen und integriert werden können.

Um nun zu verstehen, wie durch das Zusammenspiel zwischen einem psychischen System und einem sozialen System neues Wissen entstehen kann, muss das Phänomen der Emergenz (Holland, 1998) diskutiert werden. Emergenz bezieht sich auf hierarchisch strukturierte Systeme, bei denen Eigenschaften auf der höheren Systemebene auftreten, die nicht allein durch die

Eigenschaften der niedrigeren Systemebene erklärt werden können. Diese Eigenschaften einer höheren Systemebene entstehen durch eine Wechselwirkung (Synergie) zwischen Elementen auf der niedrigeren Systemebene. Erst durch eine gesamtheitliche Betrachtung ist die Erklärung von Emergenz-Phänomenen möglich, bei einer Reduktion auf Teil- oder Subsysteme fehlt eine wesentliche Untersuchungsein-heit: die höhere Systemebene. Aus der Interaktion zwischen einem psychischen und einem sozialen System entsteht also neues Wissen, das vorher weder Teil des psychischen noch Teil des sozialen Systems war.

Um zur Frage zurückzukehren, wie sich dynamische Systeme entwickeln, muss also die Interaktion zwischen einem System und dessen Umwelt beschrieben werden. Die Eigenschaften eines Systems resultieren immer aus der Interaktion zwischen dem System und dessen Umwelt, die durch die strukturelle Kopplung erst möglich werden. Ein System kann nicht beschrieben werden, ohne gleichzeitig seine Umwelt zu betrachten, Systeme können nur beschrieben und untersucht werden in dem Kontext, in dem sie integriert sind. Relevant für das individuelle Lernen und die kollaborative Wissenskonstruktion mit geteilten digitalen Artefakten ist also die Interaktion eines kognitiven Systems (als der Teil des psychischen Systems, der für kognitive Prozesse wie Lernen, Erinnern, Schlussfolgern oder Nachdenken zuständig ist) mit einem sozialen System. Nur die gleichzeitige Betrachtung der am Kommunikationsprozess beteiligten psychischen und sozialen Systeme und die Betrachtung der Grenze zwischen den Systemen ermöglicht die Beschreibung und Untersuchung von Lernprozessen. Ein konkretes Beispiel für ein kognitives System, das mit irritierenden Informationen aus der Umwelt umgehen muss, wird in Piagets konstruktivistischem Ansatz beschrieben, der im nächsten Abschnitt vorstellt wird.

3.5 Konstruktivistische Perspektive

Auch die Systemtheorie Luhmanns nimmt eine konstruktivistische Perspektive ein. Während Luhmann aus einer soziologischen Perspektive aber auf soziale Systeme und ihre Entwicklung eingeht und diese detailliert beschreibt, fokussieren andere Konstruktivisten stärker psychologische Aspekte und die kognitive Entwicklung des Menschen. Zentrale Annahme eines radikalen Konstruktivismus im psychologischen Sinne ist dabei, dass Wissen niemals von einem Menschen zu einem anderen Menschen transferiert werden kann (von Glasersfeld, 1982). Wissen muss von jedem Individuum neu konstruiert werden, die Wahrnehmung der Welt muss organisiert und strukturiert werden, um Verständnis zu entwickeln. Zentral für die konstruktivistische Perspektive und für das Verständnis der kognitiven Entwicklung des Menschen ist der Ansatz des Schweizers Entwicklungspsychologen Jean Piaget. Sein Äquilibrationsmodell (1970, 1977a, 1977b) beschreibt, wie Menschen neue Informationen aus der Umwelt verstehen und in vorhandenes Wissen integrieren. Piaget nimmt eine qualitative Veränderung kognitiver Schemata im Laufe der menschlichen Ontogenese an. Kognitive Schemata helfen Menschen ihre Umwelt zu verstehen und angemessen darauf zu reagieren. Schemata reduzieren die Komplexität der Umwelt, vereinfachen die Wahrnehmung und beschleunigen kognitive Prozesse. Ein Schema (Bartlett, 1932) ist eine mentale Struktur, die Erfahrungen eines Individuums mit seiner Umwelt repräsentiert. Formal ausgedrückt ist ein Schema eine Anzahl von Wissenseinheiten über ein bestimmtes Thema und Verbindungen zwischen diesen Einheiten innerhalb des kognitiven Systems. Die Konstruktion von Wissen bedeutet also, die individuellen Erfahrungen mit der Umwelt mit Hilfe individueller Schemata zu verstehen. Diese Erfahrungen befähigen Individuen, Schemata immer flexibler anzuwenden und diese über die Zeit weiterzuentwickeln.

Individuen haben das Ziel, ein Gleichgewicht zwischen dem existierenden Wissen und den Informationen, die sie aus der Umwelt wahrnehmen, herzustellen. Wenn neue Informationen aus der Umwelt nicht zu dem Vorwissen einer Person passen, führt das zu einer Störung dieses Gleichgewichts. Diese irritierenden Informationen haben ihren Ursprung oft in der sozialen Umwelt einer Person. Hier wird die Nähe zum Ansatz von Vygotsky (1986) deutlich. Dieser geht davon aus, dass die Konstruktion von Wissen immer in den sozialen und kulturellen Kontext eingebettet ist. Neues Wissen kann nur in der Interaktion mit anderen Individuen entstehen. Werden systemische Annahmen zu Grunde gelegt, ist die Frage, ob irritierenden Informationen aus der Interaktion mit der sozialen Umwelt eines Individuums, aus der Interaktion mit Objekten und digitalen Artefakten oder der Wahrnehmung der Umwelt resultieren, zunächst zweitrangig. Relevant ist, dass Irritationen von außerhalb (aus der Systemumwelt) des kognitiven Systems zu einer Störung des kognitiven Gleichgewichts führen. Vorhandene Schemata eignen sich nicht mehr, um Stimuli aus der Umwelt zu verstehen. Dieser kognitive Konflikt als subjektive Wahrnehmung des gestörten Gleichgewichts führt zu einer Veränderung der kognitiven Schemata einer Person und zur Konstruktion von neuem Wissen.

Individuen können Informationen nicht mehr mit vorhandenem Vorwissen verstehen und neue Informationen können nicht einfach in vorhandenes Vorwissen integriert werden. Deshalb muss ein Weg gefunden werden, um mit den neuen Informationen umzugehen. Piaget schlägt zwei mögliche Wege vor, um mit dem kognitiven Ungleichgewicht zwischen eigenem Vorwissen und neuen Informationen umzugehen und den kognitiven Konflikt lösen: Individuen können Vorwissen entweder assimilieren oder akkommodieren. Beim Prozess der Assimilation nutzen Individuen ihr Vorwissen, um neue Informationen zu interpretieren und zu verstehen und sie dann in vorhandene Vorwissensstrukturen zu integrieren. Informationen aus der Umwelt werden so modifiziert, dass sie zum Vorwissen eines Individuums passen. Für die Operationalisierung der Assimiliation folgt daraus, eher quantitativen Lernprozesse anzunehmen. Das Vorwissen eines Individuums verändert sich in seiner grundsätzlichen Struktur nicht, sondern wird lediglich um neue Informationen ergänzt, die sich einfach zum vorhandenen Wissen hinzufügen lassen.

Beim Prozess der Akkommodation ändern Individuen vorhandene Wissensstrukturen, um mit neuen Informationen umzugehen. Im Gegensatz zu einer einfachen Assimilation von neuen Informationen wird vorhandenes Wissen grundsätzlich verändert um die Informationen aus der Umwelt verstehen zu können. Im Gegensatz zu eher quantitativen Prozessen kann Akkommodation als qualitative Veränderungen von Wissensstrukturen operationalisiert werden.

Die beiden vorgestellten theoretischen Ansätze, die Systemtheorie Luhmanns und die Perspektive Piagets können sich nun gegenseitig ergänzen. Während die Systemtheorie auf globaler Ebene Systeme und deren Kommunikation beschreibt, konkretisiert Piaget individuelle Lernprozesse und beschreibt den Zusammenhang zwischen neuen Erfahrungen mit der Umwelt und Vorwissen der Lernenden. Zur Beschreibung und Untersuchung von individuellem Lernen und kollaborativer Wissenskonstruktion mit Wikis ist es nun notwendig, die beiden Perspektiven zu integrieren. Das versucht das Modell der Ko-Evolution von Cress und Kimmerle (2008a), dass im nächsten Kapitel vorgestellt wird.

4 Modell der Ko-Evolution

Das Modell der Ko-Evolution (Cress & Kimmerle, 2007, 2008a; Kimmerle, Cress, Held, & Moskaliuk, 2009) integriert die vorgestellten konstruktivistischen und systemtheoretischen Ansätze zu einem theoretischen Modell. Der Fokus des Modells liegt auf der Erklärung von individuellem Lernen und kollaborativer Wissenskonstruktion mit Wikis. Die Technologie Wiki wird als Prototyp für Tools verstanden, die ein geteiltes digitales Artefakt als Grundlage für die Kollaboration zur Verfügung stellen. Die Autoren selbst wenden das Modell auch auf andere Web 2.0-Tools, z.B. Social Tagging (Kimmerle, Cress, Held, Moskaliuk, 2009), an.

4.1 Lernen als Ko-Evolution

Cress und Kimmerle (2008a) unterscheiden zwei Systeme im Sinne Luhmanns: Das kognitive System eines Individuums und das soziale System Wiki. Mit dem kognitiven System ist das deklarative Wissen im semantischen Gedächtnis eines Individuums (Tulving, 1985) gemeint. Hier finden kognitive Prozesse statt, die die Psychologie theoretisch und empirisch umfassend beforscht (Anderson, 1983, 1993; Eysenck & Keane, 2005). Luhmann selbst verwendet den Begriff des kognitiven Systems nicht, sondern spricht von psychischen Systemen. Damit sind alle mentalen Prozesse eines Menschen im psychologischen Sinne gemeint, dazu gehören auch motivationale und emotionale Prozesse. Das Modell der Ko-Evolution fokussiert zunächst kognitive Prozesse. Im systemtheoretischen Verständnis wird also der Teil der menschlichen Psyche betrachtet, der für die Verarbeitung von Informationen zuständig ist, ohne dass damit die Bedeutung motivationaler und emotionaler Prozesse für das individuelle Lernen und die kollaborative Wissenskonstruktion generell unberücksichtigt bleiben soll. Das soziale System[5] besteht aus dem geteilten digitalen Artefakt Wiki bzw. der Kommunikation, die innerhalb des Wikis stattfindet. Dabei ist keine Kommunikation außerhalb des Wikis möglich. Der direkte, computermediierte Austausch von Informationen zwischen zwei Individuen ist nicht relevant, hier interessiert zunächst nur das soziale System, das sich durch die Kommunikation innerhalb des eigentlichen Wikis manifestiert.

Die beiden Systeme, das soziale System Wiki und das kognitive System eines einzelnen Individuums können aufgrund ihrer operativen Geschlossen-

---

[5] Für die Systemtheorie sind Individuen als Beobachtungseinheit nicht relevant. Es interessiert die Kommunikation, durch die sich das soziale System manifestiert. Da im psychologischen Verständnis Individuen als handelnde Subjekte aber bedeutsam sind, kann das soziale System als Einheit aus digitalem Artefakt und der zugehörigen Community verstanden werden.

heit nicht direkt miteinander interagieren. Die Operationsmodi der beiden Systeme unterscheiden sich: Das kognitive System operiert in den Modi Denken oder Wahrnehmen, der Operationsmodus des sozialen Systems ist die Kommunikation. Trotzdem ist es aus systemtheoretischer Perspektive möglich, dass beide Systeme sich gegenseitig beeinflussen und sich so weiterentwickeln. Die beiden Systeme werden strukturell gekoppelt. Die schriftliche Kommunikation wird dabei zum gemeinsamen Modus, mit der die beiden Systeme, die zunächst in unterschiedlichen Modi operieren, in einen Austausch miteinander treten können. Diese Austauschprozesse zwischen kognitivem und sozialem System können nun weiter spezifiziert werden, indem zwischen den Prozessen Internalisierung und Externalisierung unterschieden wird.

4.1.1 Externalisierung und Internalisierung

Bei der Externalisierung ergänzt oder verändert ein Nutzer eine Wiki-Seite auf Grundlage seines eigenen Wissens. Damit existiert ein Teil des Wissens eines Nutzers als Information unabhängig von einem einzelnen Nutzer und ist im Wiki für die anderen Mitglieder des sozialen Systems Wiki verfügbar. Diese Externalisierung führt einerseits zu einer Zunahme der Informationen im sozialen System Wiki, aber gleichzeitig auch zu einer Zunahme des Wissens im kognitiven System eines Nutzers. Wie bereits im Kapitel 3.1 thematisiert, setzt die Externalisierung von Wissen eine tiefere Verarbeitung und Auseinandersetzung mit vorhandenen Wissenstrukturen voraus (Hayes & Flower, 1980, 1986) und führt damit zu einer Verbesserung oder Neubildung kognitiver Schemata. Das Schreiben und die Arbeit mit dem Text werden zu einem Werkzeug, das den individuellen Wissenserwerb fördert (Tynjälä, Mason, & Lonka, 2001). Bei der Internalisierung von Informationen aus dem Wiki werden die im Wiki vorhandenen Informationen dekodiert und in vorhandene, interne Wissenstrukturen integriert. Dadurch entstehen im kognitiven System einer Person neue Wissenseinheiten und neue Verknüpfungen zwischen Wissenseinheiten, es werden neue Schemata gebildet.

Durch die Prozesse der Internalisierung und Externalisierung entwickelt sich sowohl das kognitive System eines Individuum als auch das soziales System Wiki weiter: Beide Systeme beeinflussen sich gegenseitig und bedingt durch die Unterschiede zwischen beiden Systemen (im systemischen Sinn die Grenze zwischen ihnen) entsteht neues Wissen. Es kommt zur Ko-Evolution der beiden Systeme. Das neu entstandene Wissen kann als emergent bezeichnet werden. Es war vorher weder Teil des kognitiven Systems noch des sozialen Systems Wiki. Dieses emergente Entstehen von Wissen ist für das kognitive System untersucht worden z.B. in der Textverstehensforschung. Der Leser muss um einen Text zu verstehen, Inferenzen zwischen Textteilen bzw. zwischen eigenem Vorwissen und den Informationen im Text ziehen. Erst diese Inferenzen ermöglichen das Verstehen des Textes (vgl. McNamara, Kintsch, Butler Songer, & Kintsch, 1996). Bei der Ko-Evolution entsteht emergentes Wissen durch Inferenzen, die zwischen kognitivem und sozialem System gebildet werden. Emergentes Wissen kann also nur durch die gleichzeitige Betrachtung beider Systeme erklärt werden.

Abbildung 2 veranschaulicht die Prozesse der Internalisierung und Externalisierung und die Ko-Evolution von kognitivem und sozialem System.

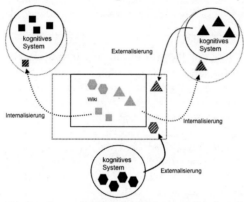

Abbildung 2: Prozesse der Internalisierung von Informationen aus dem sozialen System Wiki und Externalisierung von Wissen aus dem kognitiven System Wiki.

4.1.2 Vier relevante Lernprozesse

Das Modell der Ko-Evolution von Cress und Kimmerle (2008a) spezifiziert die Prozesse der Internalisierung und Externalisierung und erweitert den Ansatz Piagets: Prozesse der Wissenskonstruktion sind nicht nur als intrapsychischer Prozess denkbar, sondern können im technologischen Artefakt stattfinden. Die Umwelt kann verändert werden, indem im technologischen Artefakt vorhandene Informationen um eigenes Wissen ergänzt und erweitert werden (Assimilation), oder umstrukturiert und grundlegend verändert werden (Akkommodation). Während die Prozesse der Akkommodation und Assimilation von Piaget nur als kognitive Prozesse konzeptualisiert sind, überträgt das Modell der Ko-Evolution diese Prozesse auf das soziale System. Auch ein soziales System entwickelt sich durch Akkommodation und Assimilation weiter. Unterschieden wird also zwischen individuellem Lernen als Prozess im kognitiven System eines Individuums und kollaborativer Wissenskonstruktion als Prozess im sozialen System Wiki. Daraus ergeben sich vier Lernprozesse, die in Tabelle 1 dargestellt sind.

Tabelle 1: Prozesse des individuellen Lernens und der kollaborativen Wissenskonstruktion

	im sozialen System (external)	im kognitiven System (internal)
Assimilation	assimilative Wissenskonstruktion	assimilatives individuelles Lernen
Akkommodation	akkommodative Wissenskonstruktion	akkommodatives individuelles Lernen

Das Modell von Cress und Kimmerle (2007, 2008a) beschreibt als Ursache für Prozesse der Ko-Evolution einen sozio-kognitiven Konflikt im Sinne Piagets. Dieser Konflikt entsteht aus der Inkongruenz zwischen dem kognitiven System eines Nutzers und dem sozialen System Wiki, also zwischen den Informationen, die in einem Wiki stehen und dem Vorwissen, das eine Person zu einem bestimmten Thema hat. Dabei ist mit dem Begriff Inkongruenz der messbare, inhaltliche Unterschied zwischen den Informationen in einem Wiki und dem Vorwissen einen Individuums gemeint, während das Konzept des kognitiven Konflikts das subjektive Erleben eines Individuums beschreibt. Der kognitive Konflikt zwingt das Individuum zum Prozess der Äquilibration. Cress und Kimmerle (2008a) argumentieren hier analog zu den Ansätzen von Berlyne (1960) und Hunt (1965) und postulieren einen umgekehrt u-förmigen Zusammenhang zwischen der Inkongruenz und dem Ausmaß an individuellem Lernen und kollaborativer Wissenskonstruktion. Bei einer niedrigen Inkongruenz kommt es nicht zu einer Störung des kognitiven Gleichgewichts, der Nutzer erlebt keinen kognitiven Konflikt. Entsprechend besteht kein Bedarf zur Äquilibration. Bei einer hohen Inkongruenz bestehen dagegen motivationale Hürden, die verhindern, dass es zur Akkommodation oder Assimilation kommt, da es z.B. viel Aufwand bedeuteten würden, den Text in einem Wiki zu ändern. Gleichzeitig können auch kognitive Hürden bestehen, wenn es z.B. schwer fällt, einen Zusammenhang zwischen eigenem Wissen und Informationen in einem Wiki herzustellen und neues Wissen mit vorhandenen Informationen zu verknüpfen. Eine mittlere Inkongruenz sollte dagegen individuelles Lernen und die kollaborative Konstruktion von neuem Wissen ideal unterstützen.

4.1.3 Einfluss der Valenz des Themas

Das Modell der Ko-Evolution macht die Annahme, dass die persönliche Relevanz eines Themas für einen bestimmten Nutzer das Ausmaß des erlebten kognitiven Konflikts beeinflusst. Hier gehen die Autoren davon aus, dass

Themen, die für einen Nutzer persönlich sehr relevant sind, zu einem größeren kognitiven Konflikt führen, als Themen, die weniger relevant sind. Individuen, die ein bestimmtes Thema für wichtiger erachten, werden motivierter sein, den Inhalt eines Wikis auf Grundlage des eigenen Wissens zu verändern, als Personen, für die ein Thema irrelevant ist. Cress und Kimmerle (2008a) verwenden für diesen Aspekt den Begriff der Valenz.

Werden diese Annnahmen in ein formalisiertes Modell des individuellen Lernens und der kollaborativen Wissenskonstruktion integriert, kann man davon ausgehen, dass die Valenz eines Themas für eine bestimmte Person (also das Ausmaß der persönlichen Involviertheit oder das individuelle Interesse), die Wahrnehmung der Inkongruenz zwischen dem eigenen Wissen und den Informationen im Wiki beeinflusst. Bei einer hohen Valenz ist das Maximum der umgekehrt u-förmigen Kurve höher als bei niedriger Valenz. Abbildung 3 zeigt diese umgekehrt u-förmige Beziehung des Konflikts und der Inkongruenz zwischen dem Wissen eines Individuums und den Informationen in einem Wiki für drei unterschiedliche Werte der Valenz eines Themas (niedrig bis hohe Valenz).

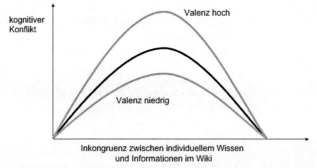

Abbildung 3: Umgekehrt u-förmige Beziehung von kognitivem Konflikt und Inkongruenz.

Als Kernannahmen des Modell der Ko-Evolution lassen sich zusammenfassen:

(1) Der Prozess der Äquilibration ist die Voraussetzung für die Ko-Evolution von individuellem Wissen und Informationen in einem Wiki und ermöglicht das Entstehen von emergentem Wissen.

(2) Der erlebte kognitive Konflikt kann gelöst werden, indem individuelles Wissen im kognitiven System eines Individuums verändert wird, oder indem Informationen im sozialen System Wiki angepasst werden.

41

(3) Im kognitiven und sozialen System können qualitative Lernprozesse (Akkommodation) und quantitative Lernprozesse (Assimilation) stattfinden.

(4) Die Valenz eines Themas beeinflusst die Höhe des erlebten Konfliktes.

Bevor im Kapitel 5 und 6 empirische Arbeiten zur Überprüfung einzelner Teilaspekte des Modells der Ko-Evolution vorgestellt werden, werden im folgenden Abschnitt drei methodologische Aspekte diskutiert: das Spannungsverhältnis zwischen Soziologie und Psychologie, die notwendige Methodenvielfalt und die Operationalisierung der Prozessvariablen.

4.2 Methodologische Aspekte

Wenn individuelles Lernen und kollaborative Wissenskonstruktion als zwei Seiten einer Medaille verstanden werden und im Sinne des vorgestellten Modells der Ko-Evolution als sich wechselseitig bedingende Prozesse betrachtet werden, liegt es nahe, diese auch gemeinsam empirisch zu untersuchen. Dabei bestehen eine ganze Reihe von methodologischen Problemen, die auf den ersten Blick für jegliche Art experimenteller Forschung gelten, auf den zweiten Blick bei der vorliegenden Fragestellung aber verschärft zu sein scheinen. Im Folgenden werden deshalb das Spannungsverhältnis zwischen soziologischen und psychologischen Fragestellungen, die daraus resultierende Methodenvielfalt und die Operationalisierung der Prozessvariablen als zentrale Aspekte diskutiert.

4.2.1 Spannungsverhältnis zwischen Soziologie und Psychologie

Bei der Untersuchung individueller Lernprozesse und kollaborativer Wissenskonstruktion bewegen wir uns in einem Spannungsverhältnis zwischen soziologischen und psychologischen Aspekten. Die Kognitionspsychologie, der die vorliegende Fragestellung zugeordnet werden kann, stellt das Individuum in den Mittelpunkt der Betrachtung. Sie interessiert sich für Prozesse der Wahrnehmung und Informationsverarbeitung und untersucht individuelle Lernprozesse. Demgegenüber steht eine Soziologie, die soziales Handeln verstehen und dessen Ablauf und Wirkungen erklären will (Weber, 2002) und als Analyseeinheit die Gesellschaft als Ganzes oder deren Teilbereiche zu Grunde legt.

Dieses Spannungsverhältnis wird deutlich, wenn wir die theoretischen Grundlagen des Modells der Ko-Evolution betrachten. Luhmann blendet als Soziologe das Individuum als Untersuchungseinheit aus und steht damit in krassem Widerspruch zu psychologischen Ansätzen. Piaget dagegen beschränkt sich auf die Beschreibung und Erklärung kognitiver Prozesse. Die Umwelt als Quelle für Störungen des kognitiven Gleichgewichts und damit Auslöser für die kognitive Weiterentwicklung eines Individuums wird als gegebene Größe akzeptiert, ohne hier ablaufende Prozesse und Bedingungen weiter zu berücksichtigen. Das Modell der Ko-Evolution adressiert psychologische und soziologische Fragestellungen zugleich, indem es einerseits individuelle Lernprozesse beschreibt (die psychologischer Art sind), anderseits aber Prozesse der kollaborativen Wissenskonstruktion mit berücksichtigt, die im sozialen System stattfinden und damit letztlich soziologischer Art sind. Anders als in soziologischer Forschung stehen dennoch nicht Beziehungen zwischen Menschen und soziales Handeln im Zentrum des Interesses. Die Ko-Evolution zwischen individuellem Wissen und Informationen aus einem sozialen System wird in ihrer Relevanz für ein einzelnes Individuum betrachtet. Damit steht das Modell aber auch im Gegensatz zu klassischen psychologischen Ansätzen, die eine Gesellschaft nicht als dynamisches und autopoietisches System verstehen, sondern die einzelnen Individuen als konstituierendes Merkmal untersuchen.

Das Spannungsverhältnis zwischen soziologischen und psychologischen Fragestellungen, das im Modell der Ko-Evolution angelegt ist, kann nicht vollständig gelöst werden. Vielmehr wird versucht, soziologische Aspekte der kollaborativen Wissenskonstruktion für psychologische Forschung fruchtbar zu machen. Das geschieht auf empirischer Seite dadurch, dass die Netzwerkanalyse als soziologische Methode, als Ergänzung zum experimentellen Vorgehen eingesetzt wird. Dieser Aspekt der Methodenvielfalt wird im nächsten Abschnitt diskutiert.

4.2.2 Methodenvielfalt

Eine valide Operationalisierung von theoretischen Konstrukten ist ein zentrales Qualitätsmerkmal empirischer Forschung. Nur wenn es gelingt, nicht nur reliable und objektive, sondern auch valide Messverfahren für theoretische Konstrukte zu finden, kann empirische Forschung erfolgreich sein. Zu den vorgestellten theoretischen Ansätzen von Piaget und Luhmann, und zum Ko-Evolutionsmodell von Cress und Kimmerle (2008a) gibt es bis jetzt kaum empirische Arbeiten: Eine konkrete Operationalisierung von Prozessen der Akkommodation und Assimilation bleibt Piaget schuldig, auch Luhmann bleibt bei seiner Beschreibung von Kopplungsmechanismen zwischen sozialen und psychischen Systemen auf einer theoretischen Ebene, ohne die Messbarkeit der postulierten Mechanismen zu diskutieren. Das mag für die Aussagekraft und Gültigkeit der Ansätze an sich, im Sinne einer in sich geschlossenen, widerspruchsfreien Theorie unproblematisch sein, hat aber Implikationen für Weiterentwicklungen der Theorie und empirische Arbeiten zu deren Überprüfung. Daraus ergibt sich einerseits die unabdingbare Notwendigkeit, die postulierten Prozesse des Lernens und der Wissenskonstruktion empirisch zu untersuchen. Anderseits besteht das Problem, nicht auf empirische Arbeiten zurückgreifen zu können, aus denen sich erfolgreiche Operationalisierungen ableiten lassen und die erprobte und anerkannte Methoden bereitstellen würden. Eine Lösung ist deshalb eine methodische Vielfalt. Grundsätzlich sind zwei unterschiedliche methodische Vorgehensweisen denkbar: Experimentell oder durch Beobachtung und Deskription. Beide Methoden leisten wichtige erkenntnistheoretische Beiträge und haben ihre Berechtigung. Bei Experimenten können unter standardisierten Bedingungen kontrollierte Manipulationen vorgenommen werden und Aussagen über Wirkungszusammenhänge getroffen werden. Dabei können Störvariablen, die sich durch personale oder situationale Faktoren ergeben, weitgehend ausgeschlossen oder kontrolliert werden. Beobachtungen im Feld erlauben hingegen globalere Aussagen über die Anwendbarkeit und Relevanz theoretischer Annahmen. Sie haben eine genaue Beschreibung der Wirklichkeit zum Ziel und lassen damit Rückschlüsse auf die Gültigkeit eines Modells zu.

Konsequenterweise spiegelt sich diese methodische Vielfalt auch in bisherigen Forschungsarbeiten im Bereich des computerunterstützten kollaborativen Lernens wieder (Stahl u. a., 2006). Auf der einen Seite stehen zahlreiche experimentelle Studien, die Experimental- und Kontrollgruppen auf einer oder mehreren abhängigen Variablen vergleichen. Hier könnte man von quantitativer Forschung sprechen; Stahl, Koschmann und Suthers (2006) verwenden hier das Schlagwort „coding and counting", um diese Methode zu beschreiben. Demgegenüber steht eine ethnomethologische Forschungstradition (Garfinkel, 1996). Dabei geht es darum, meist mit Hilfe von Transkripten oder Videos, Einzelfälle im Detail zu analysieren und zu beschreiben. Im Mittelpunkt steht dabei die Interaktion von Lernern innerhalb einer Community. Mit Hilfe dieses Vorgehens können Prozesse und Wirkmechanismen besser verstanden werden, ohne dass daraus verallgemeinernde oder quantifizierbare Aussagen getroffen werden sollen. Hier könnte man von qualitativer Forschung sprechen.

Als dritte wichtige Methode ist der Ansatz der *Design-Based-Research* (Barab & Squire, 2004) zu nennen. Hier werden in iterativen Prozessen Lernszenarien entworfen und diese gemeinsam mit den Betroffenen (z.B. Lehrer, Schüler, Softwareentwicklern) entwickelt. Wenn wir es mit computerunterstützten Szenarien zu tun haben, steht also meist die Entwicklung einer Lernsoftware und entsprechender didaktischer Konzepte im Vordergrund. Dabei liegt der Ansatz der Design-Based-Research quer zu den beiden anderen Methoden. Sie legt sich nicht auf qualitatives oder quantitatives Vorgehen fest, man könnte sie als „quisitive" (Goldman, Crosby, & Shea, 2004) bezeichnen: Im Zentrum steht die Exploration von Lernerverhalten und der Versuch, dieses schrittweise durch Interventionen (in der Regel durch die Implementation entsprechender Lernsoftware) zu verändern.

Die vorliegende Arbeit versucht nun, sowohl quantitative als auch qualitative Forschungsmethoden anzuwenden, um individuelles Lernen und kollaborative Wissenskonstruktion zu untersuchen. Diese methodische Vielfalt scheint unabdingbar, um Aussagen über die Gültigkeit des theoretischen Modells machen zu können, daraus weitere Forschungsfragestellungen abzuleiten und das Modell theoretisch weiterzuentwickeln. In einem ersten empirischen Teil der Arbeit (Kapitel 5) wird deshalb mit Hilfe der Methode der Netzwerkanalyse ein Ausschnitt aus der Online-Enzyklopädie Wikipedia analysiert, um Hinweise auf die postulierten Prozesse der Ko-Evolution zu finden. Dieser Teil bleibt im Sinne eines qualitativen Vorgehens zunächst deskriptiv, versucht aber aufzuzeigen, inwieweit die Visualisierungsmethoden das Potenzial haben, auch zur Testung von Hypothesen eingesetzt zu werden. Der zweite empirische Teil (Kapitel 6) ist in der experimentellen Tradition zu verstehen. Es bildet den Schwerpunkt der Arbeit und untersucht in fünf Laborstudien unterschiedliche Formen der Inkongruenz zwischen Informationen im Wiki und dem Wissen im kognitiven System einer Versuchsperson als Voraussetzung für individuelles Lernen und Wissenskonstruktion.

4.2.3 Operationalisierung der Prozessvariablen

Als letzter methodologischer Aspekt soll die konkrete Operationalisierung der Prozessvariablen problematisiert werden. Für die experimentelle Überprüfung (Kapitel 6) werden die theoretischen Annahmen des Modells in zweierlei Hinsicht methodisch reduziert: Zum einen wird lediglich die eigentliche Inhaltsseite des Wikis als relevant für die Kommunikation innerhalb eines sozialen Systems betrachtet. Auch wenn Kommunikationsprozesse auch auf den Diskussionsseiten einer Wiki-Seite und damit ebenfalls innerhalb des sozialen Systems Wiki stattfinden könnten, werden diese Prozesse in der vorliegenden Arbeit nicht untersucht. Diese Eingrenzung auf die Bearbeitungen auf der eigentlichen Wiki-Seite begründet sich mit der systemtheoretischen Annahme, dass die Kommunikation als konstituierendes Merkmal eines sozialen Systems bedeutsam ist und nicht die Kommunikationsprozesse, die zwischen einzelnen Individuen stattfinden. Für das im Experiment eingesetzte Wiki bedeutet das, dass für die einzelnen Wiki-Seiten keine Diskussionsseiten bereitgestellt werden und die Konstruktion von Wissen so auf die eigentlichen Wiki-Seiten beschränkt wird. Damit ist eine reliable und objektive Messung von Prozessen der Wissenskonstruktion möglich.

Zum anderen werden die im Modell beschriebenen Prozessvariablen empirisch nicht als Prozesse, sondern als Zustände erfasst. Es wird also nicht die Veränderung von individuellem Wissen oder Informationen im sozialen System direkt beobachtet, sondern ein bestimmtes Ausmaß an Wissen im Anschluss an die Arbeit mit einem Wiki gemessen. Auch wenn die im Modell der Ko-Evolution postulierten Prozesse damit nicht in allen Facetten abgebildet sind, ist so in einem ersten Schritt eine hohe Objektivität und Reliabilität der Messung gegeben. Für die durchgeführte Netzwerkanalyse (Kapitel 5) gelten die beiden angeführten Punkte einer methodischen Reduktion analog: Auch hier werden nur die eigentliche Wiki-Seite, die Verlinkung der Seiten untereinander und die beteiligten Autoren in die Analyse mit einbezogen. Sämtliche Aktivitäten auf der Diskussionsseite einer Wiki-Seite werden nicht berücksichtigt. Außerdem wird auch bei der durchgeführten Netzwerkanalyse kein kontinuierlicher Prozess der Ko-Evolution untersucht, sondern der Zustand der Verlinkung der Wiki-Seiten und die Entwicklung der Autoren-Community zu einzelnen Zeitpunkten als Zustand gemessen.

Diese Reduktion des Modells wirft die Frage auf, ob die messbaren Effekte nicht durch ein sparsameres Modell erklärt werden könnten. Gleichzeitig ist dieses Vorgeben aber notwendig, um auf den empirischen Erkenntnissen aufbauend eine weitere experimentelle Überprüfung des Modells zu planen und das vorgeschlagene Modell weiterentwickeln zu können. Da es, wie in den vorangegangenen Abschnitten bereits thematisiert wurde, keine Ansätze gibt, das Modell von Cress und Kimmerle (2008a) empirisch zu untersuchen, ist dieses Vorgehen eine methodisch sinnvolle Herangehensweise. In einem Ausblick auf weitere Forschungsfragen wird aber ausführlich diskutiert werden, wie die empirischen Arbeiten und die vorgestellte Versuchsumgebung eingesetzt werden kann, um weitere Aspekte des Modell empirisch zu untersuchen und damit in einem nächsten Schritt zur Weiterentwicklung des Modell der Ko-Evolution beizutragen.

Im nächsten Kapitel wird als erster empirischer Teil der Arbeit die Visualisierung von Prozessen der Ko-Evolution an einem Artikelkorpus aus der Online-Enzyklopädie Wikipedia vorgestellt werden. Im Kapitel 6 wird dann als zweiter empirischer Teil der Arbeit über eine experimentelle Überprüfung zentraler Annahmen des Modells der Ko-Evolution im Labor berichtet werden.

5 Visualisierung von Prozessen der Ko-Evolution

In einem ersten Schritt wird der Prozess der Ko-Evolution deskriptiv analysiert und das Zusammenspiel von kognitivem und sozialem System untersucht. Dazu werden Prozesse der Ko-Evolution visualisiert und auf Systemebene beschrieben. Wird ein Wiki für die Kommunikation und Konstruktion von Wissen eingesetzt, ist es leicht möglich, große Mengen an Daten zu sammeln und zu speichern: Über die Nutzer (z.B. Zeitpunkt und Häufigkeit der Nutzung), über deren Aktivitäten (z.b. den Verweis auf andere Nutzer, das Verlinken von Seiten, das Löschen von Inhalten) und über das digitale Artefakt (z.b. die Seiten-History, die Häufigkeit des Aufrufes einzelner Seiten). In der Online-Enzyklopädie Wikipedia stehen diese Daten frei zur Verfügung, sind zum Teil über die Seiten-History einsehbar oder können aus der Wiki-Datenbank abgefragt und für weitere Analysen verwendet werden. Auch wenn es dann notwendig ist, mit sehr großen Datenmengen umzugehen (was zum Teil hohe Anforderungen an Software und Rechner stellt) bietet sich hier eine geeignete und attraktive Methode, um computermediierte Kollaborations- und Kooperationsprozesse innerhalb einer Community von Nutzern, die mit Hilfe eines Wikis zusammenarbeiten, zu analysieren und zu visualisieren. Im nächsten Abschnitt wird ein kurzer Überblick über Studien gegeben werden, die wiki-basierte Kollaboration innerhalb einer Wiki-Community mit Hilfe von Visualisierungsmethoden untersuchen. Dann soll die Methode der Netzwerkanalyse als etablierte Methode vorgestellt werden, um Netzwerke und deren Struktur zu beschreiben, zu analysieren und zu visualisieren. Im Abschnitt 5.3 wird dann die Visualisierung der Ko-Evolution am Beispiel eines Artikelkorpus aus der Online-Enzyklopädie Wikipedia beschrieben. Den Abschluss dieses Kapitels bildet eine Diskussion, die das Potenzial und mögliche Einschränkungen der Methode aufzeigt und weitere Forschungsfragen vorschlägt.

5.1 Visualisierung Wiki-basierter Kollaboration

Mittlerweile liegen einige Studien vor, die Wiki-basierte Kollaboration untersuchen, dabei aber beschreibend vorgehen. Im Folgenden werden einige Studien vorgestellt, um sie dann am Ende des Abschnitts mit der hier vorgestellten Vorgehensweise zu kontrastieren. Eine der ersten Studien, die Daten aus einem Wiki mit Hilfe von Visualisierungsmethoden analysiert, ist die Arbeit von Viégas, Wattenberg und Dave (2004). Die Autoren stellen die History-Flow-Technik vor: Mit Hilfe der einzelnen Versionen eines Artikels kann die Entwicklung eines Textes über die Zeit hinweg in einem History-Flow-Diagramm visualisiert werden. Ziel dieser Methode ist es, Kooperations- und Konfliktmuster zu zeigen, indem für unterschiedliche Wiki-Artikel ein History-Flow-Diagramm erstellt wird. Einzelne Textteile werden in dem

Diagramm mit farbigen oder grauen Blöcken dargestellt, je älter ein Textteil ist, desto dunkler wird der Farbton. So kann die Verschiebung von Textteilen gezeigt werden, oder die Löschung und Einfügung von Inhalten. Textteile, die von angemeldeten Benutzern erstellt wurden, werden in unterschiedlichen Farben, die von nicht angemeldeten Nutzern in Grautönen dargestellt. Bei einem Artikel, der hauptsächlich von einer Person erstellt wurde, überwiegt dann ein Farbton. Die Autoren konnten mit Hilfe der Visualisierung zeigen, dass einige Seiten stärker von anonymen Nutzern bearbeitet wurden und andere Seiten stärker von angemeldeten Nutzern. Die Autoren können mit ihrer Methode außerdem fünf unterschiedliche Muster von Vandalismus nachweisen. Zudem können sie zeigen, dass in den meisten Fällen von Vandalismus, in denen der Inhalt einer Seite komplett gelöscht wird, die Seite bereits in zwei bis drei Minuten wieder hergestellt wird. Außerdem finden die Autoren in manchen Artikeln ein „Zick-Zack-Muster" (S.579) für einige aufeinander folgende Versionen. Die Autoren identifizieren dieses Muster als „Edit-War", in dem zwei oder mehr Nutzer mehrmals zwischen unterschiedlichen Versionen hin und herwechseln.

Viegas, Wattenberg, Kriss und van Ham (2007) haben eine weitere Studie mit der History-Flow-Technik durchgeführt und ähnliche Ergebnisse gefunden wie in der Untersuchung von 2004. Allerdings zeigte sich eine Abnahme der Häufigkeit von „Edit-Wars". Das lässt sich erklären mit neuen Regeln und Strukturen innerhalb der Wikipedia, die gezielt solche „Edit-Wars" verhindern sollen. In dieser Studie haben die Autoren außerdem die Diskussionsseiten einzelner Artikel mit Hilfe der History-Flow-Technik untersucht. Zusätzlich wurden die Einträge auf den Diskussionsseiten einiger Artikel nach unterschiedlichen Dimensionen klassifiziert (z.B. die Bitte um weitere Informationen oder den Hinweis auf Vandalismus). Die Autoren halten als ein zentrales Ergebnis fest, dass eine große Anzahl der Einträge auf den Diskussionsseiten sich auf die Koordination der Bearbeitung des eigentlichen Artikels bezieht. Die Diskussionsseiten werden also genutzt, um die eigentliche Arbeit an der Wiki-Seite zu koordinieren und zu planen, was im Gegensatz zu den Annahmen der Autoren aus der ersten Studie von 2004 steht. Erklären lässt sich das mit der rasanten Weiterentwicklung der Wikipedia in den vergangen Jahren und der damit verbundenen Zunahme der Mitgliederzahlen der Community. Dadurch wächst die Anforderung, die gemeinsame Arbeit zu koordinieren und zu planen; die eigentlichen Inhaltsseiten des Wikis reichen hier nicht mehr aus.

Wattenberg, Viégas und Hollenbach (2007) setzten Chromogramme ein, um die einzelnen Bearbeitungen von Wikipedia-Administratoren zu visualisieren. Dazu wurden die kurzen Kommentare (z.B. „revert vandalism" oder „fix typo"), mit denen die bei jeder Bearbeitung entstehenden einzelnen Versionen kommentiert werden, in ein Farbschema übertragen, dass Farbton, Sättigung und Helligkeit als Variablen verwendet. Dadurch lässt sich für einen einzelnen Autor ein Kommentar-Chromogramm berechnen, das die Kommentare eines Autors visualisiert. Analog dazu wurden die Titel der von einem Autor editierten Seiten als Titel-Chromogramm visualisiert. Die Autoren konnten zeigen, dass die Aktivitäten der einzelnen Nutzer oft zu einzelnen Zeitpunkten gehäuft auftraten und einzelne Autoren normalerweise nur bestimmte Aktivitäten ausführen. Es ergeben sich zwei Hauptformen der Aktivität, die systematische und die reaktive Aktivität, die jeweils unterschiedliche Visualisierungsmuster zeigen. Bei der systematischen Aktivität suchen Autoren gezielt nach bestimmten Themen oder führen regelmäßig bestimmte Aktivitäten durch, wie die Suche nach Urheberrechtsverletzungen oder der Überprüfung der Rechtschreibung. Bei der reaktiven Aktivität reagieren die Autoren auf externe Ereignisse, wie zum Beispiele das Löschen großer Artikelteile (Vandalismus) oder dem Einfügen mehrere externer Links (Verdacht auf Spam).

Andere Studien analysieren Wiki-Daten und fokussieren dabei die Koordination der Autoren und Konflikte zwischen unterschiedlichen Meinungen und Ansichten. Brandes und Lerner (2008) stellen eine Methode vor, um ein „who-revises-whom"-Netzwerk zu visualisieren und Kontroversen zwischen Autoren zu analysieren. Dazu untersuchen sie aufeinander folgende Sequenzen von Bearbeitungen auf einer Seite, um zentrale Autoren zu finden, sowie deren Verhältnis zueinander und deren Rolle zu verstehen. Sie postulieren unterschiedliche, immer wieder auftretende Konfliktmuster, wie z.B. einen bipolaren Konflikt zwischen zwei Nutzern, oder einen tripolaren Konflikt. Kittur, Suh, Pendleto und Chi (2007) entwickelten eine ähnliche Methode, um Konflikte zwischen Autoren innerhalb der Wikipedia zu analysieren. Sie nutzen einen Revert Graph um Beziehungen zwischen Autoren zu visualisieren, die Bearbeitungen des anderen Autors rückgängig gemacht hatten. Außerdem entwickelten die Autoren der Studie ein statistisches Modell, mit dessen Hilfe das Ausmaß der Kontroversität von Artikeln der Wikipedia auf Grundlage objektiver Daten eines Artikels (z.B. Anzahl der Revisionen des Artikel und der Diskussionsseite, Anzahl der beteiligten Autoren, Anzahl der anonymen Bearbeitungen) berechnet werden kann. Die so berechneten Maßzahlen wurden für einzelne Artikel korreliert mit den Mittelwerten der Artikel-Bewertungen einer Gruppe von Administratoren, um die Qualität des statistischen Modells zu überprüfen.

Biuk-Aghai (2006) stellt die Methode WikiVis vor, die Beziehungen zwischen einzelnen Wiki-Seiten analysiert, indem die gemeinsame Urheberschaft von Autoren an Seiten betrachtet wird. Der Autor geht davon aus, dass Seiten, an denen ähnliche Autoren beteiligt sind, inhaltlich zusammengehören.

Ein hoher Grad an gemeinsamer Urheberschaft wird als Prädiktor für inhaltliche Ähnlichkeit zwischen Seiten verstanden. Die dreidimensionalen Visualisierungen zeigen eine Hauptseite als zentralen Knoten in der Mitte, und die anderen Seiten kreisförmig um den zentralen Knoten angeordnet. Die Entfernung zwischen dem zentralen Knoten und den umliegenden Knoten visualisiert dabei den Grad der gemeinsamen Urheberschaft. Je näher einzelne Knoten dem zentralen Knoten sind, desto höher ist die Ähnlichkeit zwischen den Knoten.

Dieser kurze Überblick zeigt ein reges Forschungsinteresse an der Visualisierung und Analyse von Wiki-basierter Kollaboration. Dabei nutzen die hier vorgestellten Methoden und Techniken die Visualisierung der Kollaboration in einer *induktiven* Art und Weise. Sie beschreiben Wikis im Feld und versuchen Schlüsse aus den Ergebnissen zu ziehen und diese dann mit vorhandenen Theorien und Ansätzen zu verbinden. Dabei wird allerdings keine Theorie als Grundlage verwendet, um daraus Hypothesen abzuleiten, die sich mit Hilfe einer Visualisierung überprüfen ließen.

Im Gegensatz dazu wird für die vorliegende Netzwerkanalyse ein stärker *deduktiver* Ansatz gewählt, in dem die angenommen Prozesse der Ko-Evolution grafisch visualisiert werden und so empirische Evidenz für die von Cress und Kimmerle (2008a) vorgeschlagene Theorie gefunden werden soll. Im Sinne der oben diskutierten Methodenvielfalt ist dieser qualitative, nicht-experimentelle Ansatz, der Daten im Feld als Grundlage nimmt, unbedingt notwendig. Im Unterschied zur oben vorgestellten ethnomethologischen Forschungstradition wird dennoch versucht, nicht nur Einzelfälle im Detail zu beschreiben, sondern zunächst auf Grundlage theoretischer Annahmen Hypothesen zu formulieren. Diese Hypothesen können dann mit Hilfe der Visualisierung echter Kollaboration im Feld überprüft werden. Dazu wird die Methode der Netzwerkanalyse eingesetzt. Im nächsten Abschnitt wird deshalb zunächst die Methode der Netzwerkanalyse vorgestellt. Im darauf folgenden Abschnitt wird dann die durchgeführte Netzwerkanalyse im Detail beschrieben.

5.2 Die Netzwerkanalyse

Die Netzwerkanalyse ist eine Methode, um Netzwerke und deren Struktur zu beschreiben. Dabei werden einzelne Knoten und die Beziehung zwischen den Knoten jeweils sowohl in ihrer Anzahl als auch ihrer Art untersucht und visualisiert. Newman (2003) unterscheidet unterschiedliche Arten von Netzwerken: soziale Netzwerke, Informationsnetzwerke, technologische Netzwerke (z.B. das Stromnetz) und biologische Netzwerke (z.B. neuronale Netzwerke). Für den vorliegenden Anwendungsfall sind nur die sozialen Netzwerke und die Informationsnetzwerke relevant und werden deshalb im Folgenden kurz beschrieben. Eine umfangreiche Einführung in die Netzwerkanalyse mit einer Darstellung ihrer geschichtlichen Entwicklung, unterschiedlicher Analyseverfahren und daraus resultierender Maßzahlen ist z.B. bei Müller (2008) zu finden.

5.2.1 Analyse sozialer Netzwerke

Die *soziale Netzwerkanalyse* (Wasserman & Faust, 1994) untersucht soziale Beziehungen und Interaktionen zwischen unterschiedlichen Akteuren, z.b. um besonders wichtige Akteure auszumachen, mögliche Ursachen für Kommunikationsstörungen zu finden oder Untergruppen zu definieren. Ziel der Analyse sozialer Netzwerke ist es, Rückschlüsse auf die Verhaltensweise der in das Netzwerk involvierten Personen zu ziehen (Mitchell, 1969). Ihren Ursprung hat die soziale Netzwerkanalyse in der Soziometrie Morenos (1951, 1953). Er untersuchte Beziehungen zwischen Individuen in der realen Welt und analysierte soziale Netzwerke auf der Basis von Beobachtungen und Fragebögen.

5.2.2 Analyse von Informationsnetzwerken

Mit Hilfe von *Informationsnetzwerken* können zum Beispiel die Beziehungen zwischen wissenschaftlichen Artikeln mit Hilfe der gegenseitigen Zitierungen beschrieben werden Redner (1998). Das World Wide Web als solches kann als Informationsnetzwerk verstanden werden (hier sind einzelne Webseiten über Links miteinander verbunden) und mit Hilfe netzwerkanalytischer Methoden analysiert werden (z.B. Barabasi, Albert, & Jeong, 2000). Im Web 2.0 lassen sich ebenfalls Informationsnetzwerke untersuchen. Einige Studien, die Wiki-basierte Kollaboration untersuchen, analysieren auch Informationsnetzwerke (siehe Abschnitt 5.1). Weitere Studien zeigen am Beispiel der Online-Enzyklopädie die Möglichkeiten der Analyse von Informationsnetzwerken (Bellomi & Bonato, 2005; Brandes, Kenis, Lerner, & Raaij, 2009). Zur Analyse der Verlinkungen von Blogs (der Blogossphäre) und deren Entwicklung über die Zeit existieren weitere Studien (Kumar, Novak, Raghavan, & Tomkins, 2004; Schmidt, 2007).

5.2.3 Analyse computervermittelter Kommunikation

Die Netzwerkanalyse eignet sich sehr gut, um computervermittelte Kommunikation zu untersuchen. Einerseits kann die computervermittelte Kommunikation einfach aufgezeichnet und archiviert werden. Eine große Menge von Daten, die für die weitere Analyse genutzt werden kann, wird so mehr oder weniger automatisch bereitgestellt. Zusätzlich erlaubt der Einsatz von Computern für die Berechnung und Visualisierung eines Netzwerks die Analyse großer Netzwerke, ohne dass der Aufwand erheblich steigt, wenn der entsprechende Berechnungsalgorithmus einmal entwickelt ist. Beispiel ist die Analyse des kompletten E-Mail-Verkehrs in einer Organisation. Auf Grundlage dieser Analyse können Communities oder Netzwerke identifiziert werden, die vorher nicht explizit bekannt waren (Tyler, Wilkinson, & Huberman, 2003).

Zudem findet die Interaktion und Kommunikation mit Hilfe digitaler Artefakte (z.B. E-Mails oder einem Wiki) statt. So ist nicht nur eine Analyse des sozialen Netzwerks möglich, sondern gleichzeitig auch eine Analyse des Informationsnetzwerks, das innerhalb eines sozialen Netzwerks entsteht. Die Kombination dieser beiden Netzwerktypen zu einem Netzwerk ermöglicht neue, über die Analyse sozialer Netzwerke hinausgehende, Methoden. So analysieren z.B. Stegbauer und Rausch (2001) Daten aus einem wissenschaftlichen Mailingslisten-System und untersuchen das Ausmaß der Transdisziplinarität. Grundlage dafür ist der Anteil der Überschneidungen der Autoren zwischen Mailinglisten, die unterschiedlichen Disziplinen zugeordnet werden können.

Wird die Methode der Netzwerkanalyse zur Untersuchung von Wiki-basierter Kollaboration eingesetzt, haben wir es in der Regel immer mit unterschiedlichen Arten von Netzwerken zu tun: Es bestehen sowohl Beziehungen zwischen den einzelnen Wiki-Seiten (Artefaktnetzwerk), als auch Beziehungen zwischen den Wiki-Seiten und den Autoren. Darüber hinaus sind noch eine Reihe weitere Netzwerke denkbar (Müller, Meuthrath, & Baumgraß, 2008), wie z.B. ein Diskussionsnetzwerk (Beziehungen zwischen Themen auf den Diskussionsseiten) oder ein Kollaborationsnetzwerk (z.B. Biuk-Aghai, 2006). Für die vorliegende Fragestellung ist einerseits das Artefaktnetzwerk, also die Verlinkung der einzelnen Wiki-Seiten miteinander relevant, andererseits die Beziehung der Autoren zu den Themen der Wiki-Seiten, operationalisiert über die Mitarbeit der Autoren an einzelnen Artikeln. Das wird im nächsten Abschnitt beschrieben.

5.2.4 Ko-Evolution von Artefaktnetzwerk und Autoren

Die große Anzahl von Knoten innerhalb eines Netzwerks und die damit steigende Zahl von Links zwischen den Knoten sowie die dynamische Entwicklung eines Wiki-Netzwerks erfordert komplexe Visualisierungstechniken, die einen Überblick über das gesamte Netwerk erlauben, gleichzeitig aber einen detaillierten Blick auf einzelne Details des Netzwerks ermöglichen. Eine häufig eingesetzte Methode, um die dynamische Entwicklung zu zeigen, ist der Einsatz von „time slices" für bestimmte Zeitpunkte in der Entwicklung des Netzwerks (De Nooy, Mrvar, & Batagelj, 2004) und die Verwendung von Animationen, mit deren Hilfe die Entwicklung einzelner Akteure im Netzwerk (z.B. Seiten oder Autoren) verfolgt werden kann (Trier, 2005). Für die hier vorgestellte Netzwerkanalyse wurde die Software *Weaver* (Harrer, Zeini,

Ziebarth, & Münter, 2007) verwendet, die eine dreidimensionale integrierte Visualisierung ermöglicht, indem sie die zweidimensionale Darstellung des Netzwerks um die Dimension der Zeit erweitert. Mit Weaver ist es außerdem möglich, mit Filter- und Gruppierungsalgorithmen interessierende Teilbereiche des Netzwerks genauer zu betrachten. Spezifische Eigenschaften einzelner Akteure oder Beziehungen können grafisch repräsentiert werden mit Hilfe der Größe, Farbe, Form und entsprechender Bezeichnungen, um die Visualisierung an die jeweilige Fragestellung anzupassen.

Um die wiki-basierte Kollaboration zu untersuchen, müssen die Autoren und die Wiki-Seiten als mediierende Artefakte betrachtet werden. Es existieren sowohl Verbindungen zwischen einzelnen Seiten im Netzwerk, als auch Verbindungen zwischen Seiten und Autoren. Implizit sind in diesem Netzwerk auch Beziehungen zwischen einzelnen Autoren enthalten, wenn man z.b. die gemeinsame Bearbeitung von Seiten als Indikator für die Beziehungen zwischen Autoren versteht (wie z.b. in der Studie von Biuk-Aghai, 2006). Wenn die unterschiedlichen Versionen einer Wiki-Seite ebenfalls berücksichtigt werden, wird das resultierende Netzwerk dabei noch komplexer: Links zwischen Artefakten bestehen sowohl zwischen unterschiedlichen Wiki-Seiten, können aber auch zwischen einer einzelnen Version einer Seite und einer bestimmten Version einer anderen Seite bestehen. Dieses Problem wird in der Studie von Brandes und Lerner (2008) diskutiert.

Für die Untersuchung des Modells der Ko-Evolution mit Hilfe netzwerkanalytischer Methoden ist diese Komplexität zunächst nicht notwendig. Was interessiert, ist die dynamische Entwicklung des Artefaktnetzwerks und die gleichzeitige Entwicklung der Autoren, die an den Wiki-Seiten im Artefaktnetzwerk arbeiten. Deshalb wird für die vorliegende Analyse zunächst das Artefaktnetzwerk getrennt von den dazugehörigen Autoren analysiert. Dann wird die Entwicklung einzelner Autoren, die an der Erstellung des Artefaktnetzwerks beteiligt waren, untersucht.

5.3 Visualisierung der Ko-Evolution

In diesem Abschnitt wird zunächst der verwendete Untersuchungskorpus, das methodische Vorgehen und die konkreten Hypothesen vorgestellt. Dann wird die Visualisierung der Entwicklung des Artefakt-Netzwerks präsentiert und die Entwicklung der Autoren. In Abschnitt 5.5 werden die Ergebnisse diskutiert und ein Ausblick auf weitere Forschungsfragen gegeben.

5.3.1 Untersuchungskorpus und Methode

Um die postulierten Prozesse der Ko-Evolution zwischen dem Artefaktnetzwerk und der Entwicklung einzelner Autoren zu untersuchen, wurde ein Artikelkorpus aus der deutschen Online-Enzyklopädie Wikipedia verwendet.

Zentrum der ausgewählten Artikel war die Wiki-Seite „Schizophrenie". Daraus wurde das Thema „Ursachen der Schizophrenie" herausgegriffen, da hier konkurrierende Erklärungsansätze existieren und somit die dynamische Entwicklung innerhalb des Artefaktnetzwerks und der Autoren, die an den Artikeln arbeiten zu erwarten ist.

In der wissenschaftlichen Auseinandersetzung um die Ursachen der Schizophrenie gibt es zwei grundsätzliche Erklärungsansätze und ein Modell, das beide Ansätze verbindet. Das sind auf der einen Seite die Annahmen, dass biologische oder genetische Ursachen für die Schizophrenie bestehen. Auf der anderen Seite werden soziale Faktoren, wie psychosozialer Stress oder das Verhalten der Mutter als Ursachen benannt. Das Diathese-Stress-Modell integriert die sozialen und biologischen Erklärungsansätze und nimmt eine genetische Vulnerabilität an, die beim zusätzlichen Einfluss sozialer Stressoren zum Ausbruch der Erkrankung führt. Außerdem existiert ein psychoanalytischer Erklärungsansatz, der wissenschaftlich umstritten ist. Die Lerndomäne „Ursachen der Schizophrenie" eignet sich damit gut, um sozio-kognitive Konflikte zu induzieren, und die dynamische Evolution von Informationen und Wissen zu untersuchen. Sie wird deshalb auch in den experimentellen Studien verwendet, die in Kapitel 6 vorgestellt werden.

Als Untersuchungszeitraum wurde die Zeit zwischen dem 02.01.2002 und 01.01.2008 festgelegt. In den Artikelkorpus wurden alle Wiki-Seiten aufgenommen, die zum Zeitpunkt 01.01.2008 direkt mit dem Abschnitt über die Ursachen der Schizophrenie innerhalb der Wiki-Seite „Schizophrenie" verlinkt waren. Außerdem wurden zusätzlich Seiten in den Artikelkorpus mit aufgenommen, die auf den bereits ausgewählten Wiki-Seiten verlinkt waren und damit nur indirekt auf die Seite Schizophrenie verweisen. Von diesen Seiten wurden diejenigen ausgewählt, die am eindeutigsten einem der gegensätzlichen Modelle zuzuordnen waren. Die für die Analyse auswählten Seiten sind in Anhang 9.1 zu sehen.

Mit Hilfe der Export-Funktion der Wikipedia wurde für jede Seite ein XML-Dokument erstellt, das alle Versionen der Wiki-Seite enthielt, die Informationen über die Autoren, die an dieser Seite gearbeitet haben, und die Links zu anderen Wiki-Seiten. Daraus wurde ein Untersuchungskorpus erstellt, der sämtliche Informationen über die Seiten, Versionen, Autoren, Links und Zeitpunkte enthält und damit detaillierte Analysen ermöglicht. Der eigentliche Inhalt der Wiki-Seiten ist nicht Teil des Korpus. Um die Anzahl der Daten auf eine verarbeitbarer Größe zu reduzieren, wurden alle Versionen entfernt, die über die Kommentarfunktion als geringfügige Änderungen gekennzeichnet wurden oder an denen Änderungen von automatischen Bots oder unangemeldeten Nutzern durchgeführt wurden.

Für die weitere Analyse wurde nicht der komplette Untersuchungskorpus verwendet, (einige Seiten hatten nach der Bereinigung über 2000 Versionen), sondern die vorhandenen Daten zu sechs spezifischen Zeitpunkten analysiert, jeweils am 1.Januar der Jahre 2003 bis 2008. In Bezug auf das Modell der Ko-Evolution interessierten zwei Analyseperspektiven: Zum einem wird die Entwicklung des Artefaktnetzwerks und die Verlinkung zwischen den einzelnen Seiten betrachtet. Die Verlinkung zwischen den Seiten ist ein Hinweis auf eine Beziehung zwischen den beiden Seiten und kann als Indikator für die Annäherung von gegensätzlichen Konzepten verstanden werden. Damit ist eine Visualisierung der Vorgänge im sozialen System möglich. Zum anderen sollen die Autoren der Wiki-Seiten und deren Entwicklung über die Zeit untersucht werden. Daraus kann auf die Entwicklung im kognitiven System eines Autors geschlossen werden. Diese beiden Untersuchungsperspektiven werden im nächsten Abschnitt konkretisiert.

5.3.2 Hypothesen

Ausgehend vom Modell der Ko-Evolution ist es möglich, zwei zentrale Annahmen zu formulieren. Die erste Annahme bezieht sich auf das soziale System, also auf das Artefaktnetzwerk. Es wird erwartet, dass das Wiki mit der Zeit an Komplexität zunimmt, was konkret eine Zunahme der Wiki-Seiten und der Links zwischen den Wiki-Seiten bedeutet. Im Sinne des Modells könnte das als externale Assimilation verstanden werden. Außerdem ist anzunehmen, dass die Seiten, die zu einem Erklärungsmodell der Ursachen der Schizophrenie (biologisch, sozial, psychoanalytisch) gehören, in einem frühen Stadium der Entwicklung des Wikis zu jeweils eigenen Clustern gruppiert sind. Das bedeutet eine größere Linkdichte zwischen den Seiten eines Clusters als zwischen den Clustern. Über die Zeit erwarten wir eine stärkere Verknüpfung der Cluster oder ein Zusammenwachsen zu einem Cluster. Das kann als Hinweis auf eine externale Akkommodation verstanden werden.

Die zweite Hypothese bezieht sich auf das kognitive System einzelner Autoren des Wikis. Hier ist die Annahme, dass ein Autor, der an einer Wiki-Seite arbeitet, die einem bestimmten Erklärungsmodell zuzuordnen ist, zu einer Community of Interest dieses Erklärungsmodells gehört. Die Beteiligung eines einzelnen Autors an einer der Communities kann sich über die Zeit ändern, was ein Hinweis auf die kognitive Entwicklung dieses Autors ist. Dabei ist davon auszugehen, dass die Entwicklung des Autors (was sich in einer Änderung der Community-Zugehörigkeit zeigt) durch einen sozio-kognitiven Konflikt zwischen dem eigenen Wissen und den Informationen im Wiki angeregt wird. Durch die Zunahme der Verlinkung zwischen den Artikeln, die unterschiedlichen Erklärungsmodellen zuzuordnen sind, wird ein Autor auf ein alternatives Erklärungsmodell aufmerksam und beginnt auch an den Seiten zu arbeiten, die einem integrativen Modell zugeordnet werden können. Deshalb wird erwartet, dass bei einigen Autoren ein Wechsel der Zugehörigkeit von der biologischen oder sozialen Community zur Community des Diathese-Stress-Modells zu sehen ist. Ein Wechsel von der Community des Diathese-Stress-Modells zur biologischen oder sozialen Community ist nicht zu erwarten. Insgesamt wird also erwartet, mit der Methode der Netzwerkanalyse Hinweise auf die Gültigkeit des Modells der Ko-Evolution zu finden, also eine gleichzeitige Entwicklung des Artefaktnetzwerks und der Communityzugehörigkeit der Autoren.

5.3.3 Entwicklung des Artefakt-Netzwerks

Das Artefakt-Netzwerk (die einzelnen Wiki-Seiten und ihre Verlinkung) wurde zu sechs Zeitpunkten betrachtet. Die Zentralität der Wiki-Seiten wird mit Hilfe der Größe der grafischen Repräsentation visualisiert: Je mehr Links auf eine Seite verweisen, desto größer wird diese dargestellt.

Abbildung 4 zeigt einen Überblick über die sechs Untersuchungszeitpunkte. Die Zeitachse weist von links (Jan 2003) nach rechts (Jan 2008). Die dreidimensionale Darstellung ist so geneigt, dass jedes einzelne Jahr als eine Ellipse zu sehen ist.

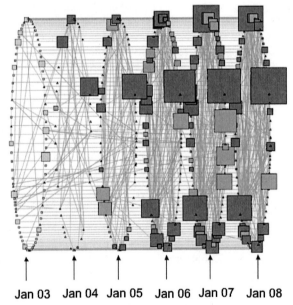

Jan 03   Jan 04   Jan 05   Jan 06   Jan 07   Jan 08

Abbildung 4: Überblick über die gesamte Struktur der Wiki-Seiten für die sechs Untersuchungszeitpunkte (1. Januar 2003 bis 1. Januar 2008).

56

Die einzelnen Versionen einer Seite über die Jahre hinweg sind jeweils mit waagrechten Hilfslinien miteinander verbunden. Wenn es in einem Jahr keine neue Version einer Seite gibt, zeigt diese Linie auf das Jahr mit der nächsten gültigen Version. Seiten, für die zu einem Zeitpunkt im Untersuchungszeitraum noch keine gültige Version existiert (da diese Seite zwar Teil des Untersuchungskorpus ist aber z.b. erst im Jahr 2006 angelegt wird), werden mit einem hellen Viereck dargestellt. Dabei ist es auch möglich, dass bereits Links auf diese Seite verweisen, obwohl sie noch gar nicht besteht. Das ergibt sich aus der Tatsache, dass es möglich ist sogenannte *redlinks* zu setzen, also Links auf Seiten, die noch nicht angelegt wurden. Auf den ersten Blick sieht man, dass die Anzahl der Verlinkungen untereinander über die Zeit hinweg steigt. Zu den beiden Untersuchungszeitpunkte 2007 und 2008 ist die Linkdichte des Netzwerks höher als in den Jahren zuvor. Im Jahr 2003 existieren zahlreiche helle Vierecke mit einigen *redlinks* und nur wenige Seiten, die tatsächlich bereits existieren.

Mit Hilfe von Filtertechniken wurden die einzelnen Untersuchungszeitpunkte näher betrachtet und ein Gruppierungsalgorithmus verwendet, um enge Beziehungen zwischen einer Anzahl von Seiten zu entdecken. Seiten, die über einen Zyklus der Länge 3 verbunden sind, werden einer Gruppe von Seiten zugeordnet und als ein Cluster von dunkelgrauen Vierecken am Rand der Abbildung dargestellt. Sogenannte *„floaters"* oder *„boundary spanner"* sind als hellgraue Vierecke dargestellt. Dabei handelt es sich um Seiten, die mit mehr als einer Gruppe verlinkt sind, also unterschiedliche Themencluster verbinden und damit im Sinne der Theorie der Ko-Evolution den Austausch von Informationen ermöglichen und deshalb von besonderem Interesse sind. Die übrigen Seiten, also solche, die bereits existieren (im Gegensatz zu Seiten, auf die mit redlinks verwiesen wurde) und weder Teil eines Clusters von Seiten sind noch als Floaters fungieren, sind mit kleinen Dreiecken visualisiert. Um eine größere Übersichtlichkeit zu ermöglichen, sind alle Dreiecke gleich groß dargestellt unabhängig von der Anzahl der eingehenden Links.

Abbildung 5 zeigt das Artefaktnetzwerk zum Zeitpunkt 1. Januar 2003 und illustriert den Unterschied zu den anderen Untersuchungszeitpunkten. Es zeigt sich, dass ein großer Teil der Wiki-Seiten zu diesem Zeitpunkt noch nicht angelegt war (helle Vierecke), aber ein Teil davon zu diesem Beobachtungszeitpunkt oder später mit redlinks verlinkt wurde. Innerhalb des Artefaktnetzwerks zu diesem Zeitpunkt existieren nur wenige Links zwischen den vorhandenen Wiki-Seiten. Dabei werden in diesem Diagramm einige Seiten mit einem hellen Viereck dargestellt und sind dabei größer als andere, obwohl keine Links auf diese Seite zu verweisen scheinen (z.B. die Seite „Prädisposition" oder „limbisches System"). Das ergibt sich aus der Tatsache, dass diese erst zu späteren Beobachtungszeitpunkten angelegt wurden, aber bereits mehrere Male verlinkt wurden. Für die Visualisierung wurden die eingehenden Links auf nicht existierende Seiten auf den Beobachtungszeitpunkt 2003 zusammengefasst, sodass hier bereits Links auf nicht existierende Seiten angezeigt werden, die z.B. erst im Jahr 2005 angelegt wurden.

Abbildung 5: Artefakt-Netzwerk vom 1.Januar 2003.

In Abbildung 5 sind alle Seiten jeweils mit dem Titel beschriftet. In den Abbildungen für die Jahre 2005, 2007 und 2008, die detaillierter betrachtet wurden, werden dann lediglich die gruppierten Seiten und die Floater (als die bezogen auf ihre Position im Netzwerk wichtigsten Seiten) beschriftet, um einen besseren Überblick zu gewährleisten. Abbildung 6 zeigt das Artefakt-Netzwerk zum Zeitpunkt 1. Januar 2005. Es zeigen sich zwei Cluster von Seiten, die über kurze Linkzyklen verbunden sind, was auf eine enge inhaltliche Verbindung zwischen Seiten hindeutet. Dabei zeigt sich, dass die Seiten des ersten Clusters zu dem Themenbereich Psychoanalyse gehören, die Seiten des zweiten Clusters zum Themenbereich der genetischen oder biologischen Aspekte zugeordnet werden kann. Zum Psychoanalysecluster gehören Seiten wie „Sigmund Freud", „Über-Ich", oder „Ich". Seiten wie „Nervenzelle", „Gehirn" oder „limbisches System" zählen zu biologischen Themen. Zum Beobachtungszeitpunkt im Jahr 2005 existiert kein Cluster, das sozialen Aspekten zugeordnet werden kann.

Interessanterweise hat die Seite „Schizophrenie" selbst den Status eines *Bondary Spanners*, was darauf hindeutet, dass beide Positionen auf den Abschnitt über die Ursachen der Schizophrenie auf die Seite „Schizophrenie" verweisen und deren Inhalt beeinflussen. Ingesamt nimmt die Anzahl der Seiten und Links verglichen mit 2003 (Abbildung 5) zu.

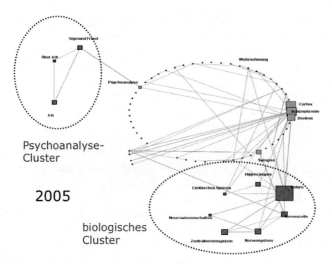

Abbildung 6: Artefakt-Netzwerk vom 1.Januar 2005.

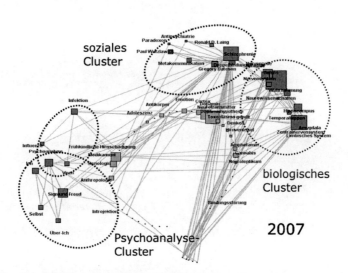

Abbildung 7: Artefakt-Netzwerk vom 1.Januar 2007.

In der Abbildung für das Jahr 2007 (Abbildung 7) hat die Anzahl der Links nochmals zugenommen und viele Seiten sind dicht miteinander verbunden. Es zeigen sich drei Hauptcluster und ein kleineres Cluster. Das Psychoanalyse-Cluster besteht immer noch, die Anzahl der Verlinkungen ist gestiegen und die Seiten „Selbst" und „Psychoanalyse" sind jetzt Teil dieses Clusters. Zudem haben die Verlinkungen zwischen Seiten des Cluster mit dem Rest des Netzwerks zugenommen. Auch das biologische Cluster besteht weiterhin. Hier hat die Anzahl der Links innerhalb des Cluster ebenfalls zugenommen und weitere Seiten sind Teil des Clusters geworden. Zusätzlich ist ein weiteres Cluster zu sehen, das Seiten enthält, die dem sozialen Erklärungsansatz für die Ursachen der Schizophrenie zugeordnet werden können. Hier sind Seiten wie „Paul Watzlawick", „Paradoxon" oder „Metakommunikation" enthalten. Zusätzlich ist ein Cluster mit den Seiten „Infektion" „Influenza" und „Virus" entstanden, dass inhaltlich zum biologischen Cluster gehört, aber noch wenig mit diesem Cluster verlinkt ist.

Im Jahr 2008 (Abbildung 8) sind die beiden Cluster mit biologischen und sozialen Erklärungsansätzen zu einem Cluster verbunden. Das Psychoanalysecluster besteht nach wie vor als separates Cluster. Das deckt sich mit der wissenschaftlichen Diskussion zu den Ursachen der Schizophrenie, in der psychoanalytische Erklärungsansätze für schizophrene Störungen keine allgemeine Anerkennung finden und eher als Außenseiterposition verstanden werden.

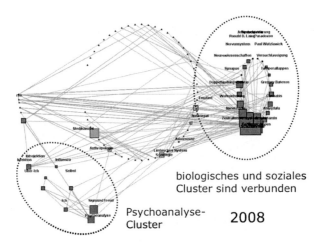

biologisches und soziales
Cluster sind verbunden

Psychoanalyse-
Cluster

2008

Abbildung 8: Artefakt-Netzwerk vom 1.Januar 2008.

Ingesamt zeigt sich also bei der Analyse des Artefaktnetzwerks eine dynamische Evolution der Informationen im Wiki. Zum einen nehmen die Seiten und Verlinkungen mit der Zeit zu, das Netzwerk wird immer dichter. Dabei entstehen immer dichtere Verlinkungen zwischen Clustern, die unterschiedlichen Themen zugeordnet werden können. Zusätzlich ist eine Emergenz zweier Cluster zu beobachten. Das soziale und das biologische Cluster wachsen zu einem Cluster zusammen. Gleichzeitig bleibt ein Cluster, das eher einer Außenseiterposition zuzuordnen ist, als unabhängiges Cluster bestehen. Die Erwartungen, die in der ersten Hypothese formuliert wurden, konnten also bestätigt werden.

5.3.4 Entwicklung der Autoren

In Bezug auf die zweite Hypothese interessiert die Entwicklung der Autoren, welche die im Artefaktennetzwerk untersuchten Artikel bearbeitet haben. Wie oben bereits beschrieben, wird angenommen, dass die Autoren, die sich an einer Wiki-Seite beteiligen, welche zu einem Erklärungsmodell für die Ursachen der Schizophrenie gehören, zu einer Community of Interest dieses Erklärungsmodells gehören. Wenn sich die Zugehörigkeit der Autoren zu einer Community über die Zeit ändert (sie also stärker an Wiki-Seiten arbeiten, die zu einer anderen Community gehören), ist das ein Hinweis auf die Entwicklung der Autoren. Im Sinne des Ko-Evolutionsmodells bedeutet das eine Entwicklung der kognitiven Systeme der Autoren.

Um die vier möglichen Communities of Interest zu identifizieren, wurden die Seiten vier unterschiedlichen Kategorien zugeordnet: „sozial", „biologisch", „psychoanalytisch" und „Diathese-Stress". Einige Wiki-Seiten konnten nicht eindeutig zugeordnet werden und erhielten die Kategorie „unklar". Die Zuordnung der Wiki-Seiten zu den Kategorien ist in Anhang 9.1 dargestellt. Diese Kategorisierung basierte nicht auf den oben gefundenen Clustern, jede Wiki-Seite wurde vor der Analyse einer der Kategorien zugeordnet. Damit ist es möglich, die einzelnen Autoren über die Bearbeitungen, die sie an einzelnen Seiten vornehmen, einer bestimmten Community zuzuweisen und zu analysieren, ob sich die Seitenkategorie, an der ein Autor hauptsächlich arbeitet, über die Zeit hinweg ändert. Von der Analyse ausgeschlossen wurden (wie auch bei der Analyse des Artefaktnetzwerks) anonyme Benutzer, die keinen Benutzeraccount für die Wikipedia angelegt haben, und Nutzer, die nur geringfügige Änderungen vorgenommen haben. Damit kann sichergestellt werden, dass die Zuweisung der Autoren zu einer bestimmten Community nicht das Ergebnis einer Korrektur von Rechtschreibfehlern ist oder auf anderen geringfügigen Änderungen basiert, sondern es sich um eine für die Wiki-Seite bedeutsame Änderung handelt. Einige Seiten waren nicht eindeutig einer bestimmten Kategorie zuzuordnen und wurden deshalb von der weiteren Analyse ausgeschlossen. Diese Information über die Zugehörigkeit einer bestimmten Seite zu einer Kategorie ist dabei nur für die Analyse der Entwicklung der Autoren relevant. Die oben vorgestellte Analyse des Artefaktnetzwerks und die dort gefundenen Cluster resultieren nicht aus den vorher festgelegten Kategorien. Die Seiten der Cluster bestehen zwar aus den Seiten, die sich jeweils zu den entsprechenden Kategorien zuordnen lassen. Die Zuordnung der Seiten zu einem bestimmten Cluster geschieht aber allein aufgrund der Verlinkung der Seiten innerhalb eines Cluster im Vergleich zu der Verlinkung zu Seiten außerhalb des Clusters.

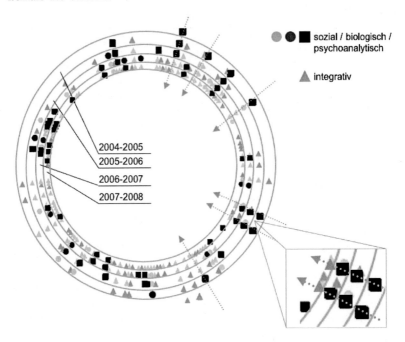

Abbildung 9: Evolution der Community-Zugehörigkeit der Autoren über die Zeit.

Abbildung 9 zeigt die Entwicklung der Autoren über die Zeit hinweg. Alle Autoren, welche die Seite „Schizophrenie" wenigstens einmal pro Jahr bearbeitet und mindestens eine andere Wiki-Seite bearbeitet haben, werden mit ihrer jeweiligen Hauptcommunity angezeigt. Damit wird sichergestellt, dass die Autoren zumindest die Möglichkeit haben, durch ihre Mitarbeit an der Seite über die Ursachen der Schizophrenie auf unterschiedliche Erklärungsansätze aufmerksam zu werden, und so an Seiten mitarbeiten können, die zu unterschiedlichen Kategorien gehören. Auf dem inneren Kreis abgebildet ist die Zugehörigkeit zu einer bestimmten Community im Beobachtungszeitraum vom 2. Januar 2007 bis 1. Januar 2008, auf dem zweiten Kreis ist die Zugehörigkeit vom 2. Januar 2006 bis 1. Januar 2007 abgebildet und so weiter. Auf dem äußersten Kreis ist sind also die ältesten Artikeleditierungen abgebildet. Ein hellgrauer Kreis bezeichnet die Mitgliedschaft in der sozialen Community, ein dunkles Quadrat die Mitgliedschaft in der biologischen Community, ein dunkler Kreis die Mitgliedschaft in der psychoanalystischen Community, die Dreiecke die Mitgliedschaft in der Diathese-Stress-Community. Autoren, die an Artikeln der Kategorie ‚unklar' gearbeitet haben, werden in dieser Abbildung nicht dargestellt.

Es zeigt sich, dass sich die Zugehörigkeit zu einer bestimmten Community bei zahlreichen Autoren mit der Zeit ändert. Eine nähere Betrachtung der Abbildung lässt den Schluss zu, dass einige Autoren von der biologischen zur sozialen Community wechseln, andere von der sozialen zur biologischen Community. Außerdem zeigen sich Wechsel von der psychoanalytischen zur sozialen und biologischen Community. Es zeigt sich aber auch, und das ist in diesem Zusammenhang der wichtigste Punkt, dass einige Autoren von der sozialen oder biologischen Community zur Diathese-Stress Community wechseln. Diese Fälle werden mit einem gestrichelten Pfeil angezeigt. Es gibt keine Mitglieder der psychoanalytischen Community bei denen sich ein Wechsel zur Diathese-Stress-Community beobachten lässt. Auch die in der zweiten Hypothese formulierten Erwartungen zeigen sich also: Die Zugehörigkeit der Autoren zu einer bestimmten Community ändert sich über die Zeit. Wie erwartet, findet sich bei einigen Autoren der Wechsel von einer Zugehörigkeit zur biologischen oder sozialen Community zur Community des Diathese-Stress-Modells. Wechsel von der Community des Diathese-Stress-Modells zur biologischen bzw. sozialen Community zeigen sich nicht.

5.4 Integration beider Analyseperspektiven

Zentral ist nun die Integration beider Analyseperspektiven, also der Vergleich der Entwicklung des Artefaktnetzwerks mit der Entwicklung der Autoren. Hier finden wir Hinweise auf die Gültigkeit der Ko-Evolutionshypothese: Die beiden Analyseperspektiven zeigen eine gleichzeitige Entwicklung des Artefaktnetzwerkes und der Community-Zugehörigkeit der Autoren.

Im Artefaktnetzwerk sehen wir im Jahr 2008, dass das biologische und das soziale Cluster nicht mehr getrennt bestehen, sondern zu einem Cluster integriert sind. Hier ist anzunehmen, dass ein sozio-kognitiver Konflikt zwischen Autoren, die unterschiedliche Erklärungsansätze für die Ursachen der Schizophrenie favorisieren, zu einer Integration der widersprüchlichen Ansätze führt. Das spiegelt sich in der stärkeren Verlinkung zwischen den zunächst isolierten Clustern wider. Die gleiche Entwicklung kann bei den Autoren beobachtet werden, die die einzelnen Wiki-Seiten bearbeitet haben. Es lässt sich der Trend feststellen, dass die Nutzer nicht mehr nur an sozialen und biologischen Artikeln arbeiten, sondern an beiden Arten von Artikeln oder an Artikeln die eine integrative Sichtweise nahe legen. Die Entwicklung des Artefaktnetzwerks und die Entwicklung der Autoren sind zwei Aspekte des Prozesses der Ko-Evolution. Die beobachtete parallele Entwicklung des Wikis und der Autoren, die an dem Wiki arbeiten, ist ein Hinweis auf die Ko-Evolution des sozialen Systems Wiki und den kognitiven Systemen der Autoren. Diese Beobachtung kann so verstanden werden, dass Autoren neue Informationen aus dem Wiki aufnehmen und so neue Aspekte in ihr kognitives System integrieren. Diese Integration von neuen Informationen in eigene Vorwissensstrukturen ist Grundlage dafür, dass die Nutzer an anderen Teilen des sozialen Systems Wiki weitere Änderungen vornehmen. Das bestätigt die Annahme der Ko-Evolutionsstheorie, insbesondere, da sich bei der Entwicklung der Autoren ein deutlicher Trend in Richtung einer Beteiligung an Wiki-Seiten, die zur Diathese-Stress-Kategorie gehören, zeigt.

5.5 Diskussion

Mit der vorgestellten Netzwerkanalyse konnte eine Ko-Evolution des Artefaktnetzwerks und der zugehörigen Autoren gezeigt werden. Die Community-Zugehörigkeit der Autoren ändert sich analog zu der Entwicklung der einzelnen Cluster. Allerdings sind einige methodische Aspekte zu diskutieren, die bei weiteren Studien berücksichtigt werden müssen. Zum einen wurden die Auswahl der Wiki-Seiten und die Zuordnung der Wiki-Seiten zu den einzelnen Kategorien nur zum Teil systematisch vorgenommen. So wurden zum Beispiel die Wiki-Seiten, die nicht direkt mit der Ausgangseite verlinkt waren, sondern bei denen nur eine Linkverbindung zweiten Grades bestand, nicht vollständig in die Analyse mit einbezogen, um die Größe des Untersuchungskorpus zu reduzieren. Die Auswahl dieser Seiten basierte auf der subjektiven Einschätzung, welche Seiten besonders eindeutig einer der Kategorien zuzuordnen seien. Hier könnte, genauso wie bei der Zuordnung der Seiten zu den Kategorien, die Entscheidungen mehrerer unabhängiger Bewerter als Grundlage verwendet werden. Ähnliches gilt für die Auswahl der Autoren, die analysiert wurden: Hier wurde eine große Zahl von anonymen Autoren und von Autoren, die nur geringfügige Änderungen vorgenommen haben, ausgeschlossen. Dieses Vorgehen kann inhaltlich damit begründet werden, dass anonyme Nutzer weniger involviert sind und geringfügige Änderungen wie die Korrektur von Rechtschreibfehlern nicht relevant sind und so eine Art Rauschen erzeugen würden. Gleichzeitig kann aber argumentiert werden, dass eine größere Anzahl von Seiten und Autoren als Grundlage für die Zuweisung der Autoren zu einer bestimmten Community die Validität der Ergebnisse erhöhen würde. Zum anderen könnte für eine weitere Studie ein größeres

Netzwerk als Grundlage für die Analyse verwendet werden, z.B. alle Artikel innerhalb der Online-Enzyklopädie Wikipedia, die zum Portal Psychologie gehören, um den Prozess der Ko-Evolution auch in einem inhaltlich weniger stark umgrenzten Themenfeld zu zeigen. Dann muss allerdings das Problem gelöst werden, wie größere Dateien und die Anzahl der Informationen mit Hilfe der zur Verfügung stehenden Werkzeuge analysiert werden können. Hier ist es wieder notwendig, eine Methode zu finden, um den Untersuchungskorpus zu minimieren. Weiter lässt sich argumentieren, dass sich die Ergebnisse der vorgestellten Analyse nur begrenzt auf andere Themenbereiche übertragen lassen. Hier liegt ein Einzelfall vor, bei dem es gelungen ist, die postulierten Prozesse nachzuweisen. Notwendig wäre, andere Themenbereiche innerhalb der Wikipedia, ein größeres Artefaktnetzwerk oder ein anderes Wiki zu analysieren. Ein weiterer Aspekt ist die grafische Darstellung der Netzwerke und Zugehörigkeit der Autoren. Diese ist optimiert für eine dreidimensionale Darstellung auf dem Bildschirm, wobei die Möglichkeit besteht, die Abbildungen zu drehen oder den Detailgrad der Darstellung interaktiv zu verändern (Zoom, Ausblenden von Beschriftungen, Tooltipps). Das führt dazu, dass die zweidimensionale Darstellung weniger anschaulich ist, und nie gleichzeitig alle Information dargestellt werden können. Eine Anforderung an weitere Forschung ist deshalb auch, die zweidimensionale Darstellung von komplexen Netzwerkstrukturen zu optimieren.

Grundsätzlich lässt sich aus den vorgestellten Ergebnissen kein eindeutiger kausaler Zusammenhang ableiten. Auch wenn es nahe liegt, einen soziokognitiven Konflikt, den die Nutzer erleben, als Ursache für die beobachtete Konvergenz des biologischen und des sozialen Clusters zu verstehen, lässt die durchgeführte Untersuchung diesen Schluss nicht zu. Dazu müsste versucht werden, den erlebten Konflikt durch Befragung der beteiligten Autoren zu messen oder ihn gezielt zu induzieren. Beides ist im vorgestellten Untersuchungsetting im Feld nicht möglich.

Zu diskutieren ist die Möglichkeit, die vorgestellte Methode einzusetzen, um Daten zu analysieren, die innerhalb eines Experimentes im Labor erhoben wurden. Damit könnte die Zugehörigkeit der Autoren zu einer bestimmten Community nicht nur mit Hilfe der Bearbeitungen, die sie an einem bestimmten Artikel vornehmen, berechnet werden, sondern die Mitgliedschaft in einer bestimmten Community gezielt manipuliert werden. Eine Möglichkeit wäre, den Versuchspersonen, wie in den in Kapitel 6 vorgestellten Experimenten, unterschiedliches Material für die Arbeit mit dem Wiki zur Verfügung zustellen. Durch die Untersuchung kleinerer Nutzergruppen mit verschiedenen Meinungen und Vorinformationen über ein bestimmtes Thema wäre es möglich, einen tieferen und genaueren Einblick in die Prozesse des individuellen Lernens und der kollaborativen Wissenskonstruktion zu erhalten. Die vorgestellte Analyse eines Datenkorpus aus der Online-Enzyklopädie Wikipedia zeigt, dass die Methode der Netzwerkanalyse ein fruchtbarer Ansatz ist, um kollaborative Wissenskonstruktion mit Wikis zu untersuchen. Damit ist die Exploration und Auswertung großer Datenmengen möglich. Die Methode erlaubt es, große Systeme wie die Online-Enzyklopädie Wikipedia zu untersuchen und macht sie so einer wissenschaftlichen Betrachtung zugänglich. Für die vorliegende Analyse wurde die Netzwerkanalyse dabei nicht nur zur Exploration und möglichst genauen Beschreibung von Systemzuständen eingesetzt, sondern es wurde versucht, aus der Theorie der Ko-Evolution konkrete Hypothesen abzuleiten und diese mit Hilfe netzwerkanalytischer Methoden zu testen. Diese stärker induktive Vorgehensweise unterscheidet die hier vorgestellte Analyse von zahlreichen anderen Arbeiten, die Wiki-basierte Kollaboration netzwerkanalystisch untersuchen.

Die verwendete Methode ermöglicht es also einerseits, explorative und deskriptive Forschung an Daten aus dem Feld durchzuführen, diese aber andererseits induktiv zur Prüfung von Hypothesen einzusetzen. Dabei ist allerdings zu diskutieren, ob die hier suggerierte Möglichkeit, die vorgestellten Methoden zur Prüfung von Hypothesen einzusetzen, tatsächlich ein gültiges Vorgehen ist. Aus den formulierten Hypothesen lässt sich kein direktes Kriterium ableiten, aufgrund dessen entschieden werden könnte, ob eine Hypothese als bestätigt gilt oder nicht. Bei der ersten Hypothese scheint das unproblematisch zu sein, da hier konkrete qualitative Annahmen zur Entwicklung des Artefaktnetzwerks gemacht werden, die dann auch bestätigt werden können. Die zweite Hypothese legt aber ein quantifizierbares Kriterium nahe, wenn sie bei „einigen Autoren" einen Wechsel von der Zugehörigkeit zur biologischen oder sozialen Community zur Community des Diathese-Stress-Modells erwartet. Damit haben wir es also letztlich nicht mit einer Methode zu tun, mit der Hypothesen getestet werden können, sondern bleiben bei einer detaillierten Deskription eines echten Netzwerks stehen. Im Sinne des im Abschnitt 4.2.1 diskutierten Spannungsverhältnisses zwischen Soziologie und Psychologie geht die hier diskutierte Vorgehensweise im soziologischen Sinne dennoch über eine bloße Beschreibung von sozialem Handeln hinaus. Die Auswahl des spezifischen Artikelkorpus basierte auf der Erwartung, die postulierten Prozesse der Ko-Evolution mit hoher Wahrscheinlichkeit in diesem Korpus nachweisen zu können. Damit handelt es sich nicht nur um eine bloße Deskription von Wirklichkeit, sondern um eine gezielte, theoriegeleitete Betrachtung von Teilausschnitten, die für die konkrete Fragestellung relevant sind. Grundsätzlich wäre es möglich, die hier vorgestellten Ergebnisse auch noch zu quantifizieren, in dem konkrete Maßzahlen z.B. für das Verhältnis von

Links innerhalb eines Cluster zu Links zwischen den Clustern als Indikator für die relative Dichte eines Clusters anzugeben.

Begreift man die hier vorgestellte Netzwerkanalyse als einen notwendigen Baustein, um Prozesse des individuellen Lernens und der kollaborativen Wissenskonstruktion zu beschreiben und zu erklären, genügt es, zunächst Beobachtungen nur qualitativ zu beschreiben. Als zweiter Baustein ist eine quantitative, experimentelle Forschungsmethode unbedingt notwendig. Nur wenn gezielt Bedingungen manipuliert werden, und sich eine Auswirkung auf abhängige Variablen zeigt, lassen sich daraus Schlüsse auf die Gültigkeit theoretischer Annahmen ziehen. Deshalb werden im zentralen Kapitel 6 dieser Arbeit Teilaspekte der Theorie der Ko-Evolution mit Hilfe von fünf experimentellen Studien im Labor überprüft. Während die in diesem Kapitel vorgestellte Analyse stärker den Aspekt der gleichzeitigen Entwicklung von kognitivem und sozialem System in den Vordergrund stellt, fokussieren die Experimente den Aspekt des kognitiven Konflikts, den ein Individuum erlebt, als Auslöser für Lernprozesse. Deshalb wird gezielt die Inkongruenz zwischen Wiki und Vorwissen der Versuchspersonen manipuliert und die Auswirkungen auf individuelles Lernen und kollaborative Wissenskonstruktion gemessen. Zentrale zu bestätigende Hypothese des Modells ist, dass eine mittlere Inkongruenz zwischen kognitiven und sozialen System zu einem höheren Ausmaß an Lernen führt.

6 Experimentelle Überprüfung

Im Sinne der im Abschnitt 4.2.2 diskutierten Methodenvielfalt werden die Annahmen des Ko-Evolutionsmodells von Cress und Kimmerle (2008a) in dieser Arbeit auch experimentell überprüft. Mit Hilfe netzwerkanalytischer Methoden konnte die Ko-Evolution auf Systemebene untersucht werden, für die experimentelle Überprüfung interessiert der Einfluss des kognitiven Konflikts auf individuelles Lernen und kollaborative Wissenskonstruktion. Luhmann (1992) geht in seiner Systemtheorie von einer *strukturellen Kopplung* der Systeme aus, die dadurch zustande kommt, dass sich die beiden Systeme gegenseitig stören und so gezwungen sind, aufeinander zu reagieren. Bei Piaget (1977a) ist der *kognitive Konflikt* der Auslöser für Veränderungen des kognitiven Systems, außerdem spezifiziert Piaget die Prozesse der Akkommodation und Assimilation als mögliche Reaktionen des Individuums auf Störungen des kognitiven Gleichgewichts. Cress und Kimmerle (2008a) integrieren die beiden Ansätze und nehmen an, dass sowohl das kognitive, als auch das soziale System vom jeweils anderen System beeinflusst werden kann (Externalisierung und Internalisierung) und übertragen die Prozesse der Akkommodation und Assimilation auf das soziale System. Sie beschreiben die Inkongruenz zwischen dem Wissen eines Individuums und den Informationen im sozialen System Wiki als Auslöser für einen kognitiven Konflikt und nehmen an, dass eine mittlere Inkongruenz optimal für individuelles Lernen und kollaborative Wissenskonstruktion ist.

In diesem Kapitel werden fünf experimentelle Studien vorgestellt, die den Einfluss des kognitiven Konflikts, den ein Individuum als Auslöser für Lernprozesse erlebt, näher untersuchen. In den Experimenten sollten die Versuchspersonen an einem Wiki mit Informationen zur klinischen Psychologie arbeiten und dort den Artikel über die Ursachen der Schizophrenie editieren. Da es sich um eine Lerndomäne handelte, bei der die Teilnehmer kein oder sehr wenig Vorwissen hatten, war es möglich, die Inkongruenz zwischen den Inhalten des Wikis und dem Vorwissen der Versuchspersonen zu manipulieren. Dann konnten Auswirkungen auf individuelles Lernen und kollaborative Wissenskonstruktion untersucht werden. Zentrale Untersuchungshypothese ist, dass eine mittlere Inkongruenz zwischen kognitivem und sozialem System zu einem höheren Ausmaß an individuellem Lernen und kollaborativer Wissenskonstruktion führt.

Im Folgenden werden zuerst das Versuchsmaterial, die Untersuchungsvariablen und der Versuchsablauf der fünf Experimente beschrieben. Dann wird jeweils detailliert auf die fünf Experimente eingegangen: Die Hypothesen, das Versuchsdesign und die Ergebnisse werden präsentiert und diskutiert. Den Abschluss des Kapitels bildet eine zusammenfassende Diskussion.

6.1 Versuchsmaterial

Für das Experiment wurde ein Wiki erstellt, das über die Ursachen der psychischen Erkrankung Schizophrenie informiert. Um eine Vergleichbarkeit mit einem echten Wiki herzustellen und die Versuchsteilnehmer davon zu überzeugen, dass es sich um ein echtes Wiki handelt, wurde auf der Startseite des Wikis ein Überblick über psychische Störungen und Verhaltenstörungen nach dem ICD 10 präsentiert. Lediglich der Themenbereich „Schizophrenie, schizotypische und wahnhafte Störungen" war aber für die Versuchspersonen zugänglich, beim Anklicken der anderen Bereiche wurden sie über ein Popup-Fenster gebeten, zunächst den Themenbereich „Schizophrenie" zu bearbeiten. Die Einstiegsseite ist als Screenshot in
Abbildung 10 zu sehen.

Abbildung 10: Screenshot der Einstiegsseite des Wikis.

Zentrale Lerndomäne war die Frage nach den Ursachen der Schizophrenie. Dieses Thema erlaubt die Konstruktion von widersprüchlichen Argumenten, die sich integrativ verbinden lassen und sich dann nicht mehr widersprechen. Gleichzeitig war es möglich, realitätsnahes Versuchsmaterial zu erstellen, welches für die Versuchsteilnehmer interessant ist und zur Beschäftigung mit dem Thema anregt. Durch das zu erwartende Interesse an der Thematik war eine höhere Motivation der Probanden zu erwarten als das bei „simulierten Wissensdomänen" der Fall wäre, bei denen kein nützliches Wissen erworben wird. Außerdem wurde angenommen, dass bei den meisten Teilnehmern nur geringes Vorwissen über die Ursachen der Schizophrenie vorhanden ist, weshalb sich dieses Thema gut für den Einsatz in einem Lernexperiment eignet, bei dem Wissenszuwachs erhoben werden soll.

Grundlage für die Erstellung des Versuchsmaterials waren wissenschaftlich kontrovers diskutierte Erklärungsansätze für die Ursachen der Schizophrenie: Einer nimmt genetische oder biologische Ursachen an, ein anderer fokussiert die soziale Umwelt als wesentliche Ursache. Mit Hilfe eines Diathese-Stress-Modells, das mittlerweile für zahlreiche Erkrankungen als Erklärungsansatz konsensfähig ist, werden beide Ansätze integriert. Es wird eine genetische Vulnerabilität angenommen, Umweltfaktoren begünstigen als Stressoren den Ausbruch der Erkrankung. Die Lerndomäne für die Experimente entspricht also dem in der Netzwerkanalyse verwendeten Artikelkorpus (siehe S.53). Zur Erstellung des Versuchsmaterials wurden jeweils vier Argumente gesucht, die den beiden Erklärungsansätzen biologisch oder sozial zugeordnet werden können. Außerdem wurde das Diathese-Stress-Modell als Ansatz, der die widersprüchlichen Ansätze integriert, mit zwei weiteren Argumenten aufgenommen. Auf Grundlage des Lehrbuchs Klinische Psychologie (Davison, Neale, & Hautzinger, 2007) und dem Artikel über Schizophrenie aus der Online-Enzyklopädie Wikipedia wurden jeweils etwa gleich lange Textteile generiert, die als abgeschlossene Informationseinheiten Grundlage für die Erstellung der Wiki-Seite zu den Ursachen der Schizophrenie waren. Abbildung 11 zeigt die einzelnen Informationseinheiten, aus denen die Wiki-Seite über die Ursachen der Schizophrenie erstellt wurde im Überblick. Im Anhang 9.1 sind die einzelnen Informationseinheiten vollständig aufgeführt.

B1	Familienstudie als Beleg für Vererbung von Schizophrenie
B2	Infektionskrankheiten/Umweltgifte begünstigen das Auftreten
B3	Vererbung der Prädisposition
B4	Frühkindliche Hirnschäden
S1	Höherer Lebensstress bedingt höhere Erkrankungswahrscheinlichkeit
S2	Aussagekraft Familienstudien eingeschränkt, da gemeinsame Umwelt
S3	Schizophrene Mutter führt zu höherer Erkrankungswahrscheinlichkeit
S4	Double-Bind Theorie
D1	Diathese-Stress-Modell
D2	Gegenseitige Beeinflussung

Abbildung 11: Informationseinheiten, auf deren Grundlage die Wiki-Seite erstellt wurde. Die biologischen Argumente sind mit „B" bezeichnet, die sozialen Argumente mit „S", die Diathese-Stress-Argumente mit „D".

Auf Grundlage dieser Informationseinheiten konnten unterschiedliche Versionen der Wiki-Seite über die Ursachen der Schizophrenie erstellt werden. Die Zusammenstellung der Wiki-Seiten wurde für die einzelnen Bedingungen in den experimentellen Studien gezielt manipuliert. Das wird in den jeweiligen Abschnitten, die das Versuchsdesign der einzelnen Studien darstellen, genau beschrieben. Allen Bedingungen gemeinsam ist, dass die einzelnen Informationseinheiten innerhalb des Wikis direkt aneinandergereiht wurden, ohne Verbindungen oder Überleitungen zwischen einzelnen Einheiten herzustellen oder einen Überblick über den Inhalt der Wiki-Seite zu geben. Abbildung 34 im Anhang zeigt als Beispiel die Wiki-Seite über die Ursachen der Schizophrenie aus der Bedingung mit niedriger Inkongruenz der Studie 1.

In dem für das Experiment erstellten Teil des Wikis waren neben dem Artikel über die Ursachen der Schizophrenie noch weitere Artikel enthalten, wie z.B. über die Unterformen der Schizophrenie, über die Symptome oder Behandlung der Schizophrenie, sowie grundsätzliche Informationen über psychische Erkrankungen, oder Erklärungen zu Begriffen wie Prävalenz oder Familienstudien. Die Versionen der einzelnen Wiki-Seiten und der Seite über die Ursachen der Schizophrenie wurden manuell erstellt und jeweils mit Zeitstempel und Namen der Autoren in der Form „Participant 01/045" versehen. So wurde für das Experiment ein Wiki simuliert, an dem schon mehrere Benutzer gearbeitet haben.

Auf Grundlage der Informationseinheiten wurden außerdem zehn Texte erstellt, die in Form und Layout an einen Newsletter eines Wissenschaftsportals im Internet angepasst waren. Die Newsletter wurden den Versuchspersonen als Informationsdienst für Psychologen beschrieben, um die Glaubwürdigkeit der Inhalte sicherzustellen. Das darf als erfolgreich gelten. Dafür spricht der Wunsch einiger Versuchspersonen, das Material mit nach Hause zu nehmen oder die Internetadresse des Informationsangebotes zu erhalten. Für die Newsletter-Texte wurden die Informationseinheiten um zusätzliche Informationen ergänzt, die aber für die zentrale inhaltliche Aussage unerheblich sind. Genannt wurden jeweils eine wissenschaftliche Studie oder ein Beispiel zur Illustration, sowie der Name und die Institution eines Wissenschaftlers. Damit sollte die Vergleichbarkeit der einzelnen Texte hinsichtlich ihrer Glaubwürdigkeit oder wissenschaftlichen Relevanz sichergestellt werden. Die Zusatzinformationen im Text, wie die Namen oder Institute der Wissenschaftler und die erwähnten Studien oder Beispiele, waren frei erfunden, jedoch inhaltlich realistisch. Diese Newsletter waren die Grundlage für die Arbeit der Versuchspersonen mit dem Wiki. Die Anzahl der Newsletter, welche die Versuchspersonen erhielten, wurde für die einzelnen Bedingungen der Studien variiert. Das wird jeweils in den Abschnitten über das

Design der einzelnen Studien dargestellt. Die Texte der Newsletter sind im Anhang 9.3 zu finden.

Mit Hilfe der zehn Informationseinheiten und den daraus erstellten Newslettern war es möglich, unterschiedliche Formen der Inkongruenz zu erzeugen, indem die Anzahl der Informationseinheiten, die die Versuchspersonen erhielten, bzw. deren Verteilung zwischen Wiki und Newslettern variiert wurde. Die genaue Manipulation wird jeweils in den Abschnitten über das Design der einzelnen Studien beschrieben.

6.2 Untersuchungsvariablen

Im Modell der Ko-Evolution (Cress & Kimmerle, 2008a) werden vier Lernprozesse auf den Dimensionen Externalisierung und Internalisierung und den Dimensionen Assimilation und Akkommodation unterschieden. Die Prozesse der Externalisierung von Wissen aus dem kognitiven System in das soziale System Wiki finden ihren Niederschlag im Wiki, können also external gemessen werden. Die Prozesse der Internalisierung von Informationen aus dem sozialen System in das kognitive System können internal als Wissenserwerb gemessen werden. Daraus ergeben sich vier abhängige Variablen, die in Tabelle 2 dargestellt sind. In den äußeren Zellen sind die theoretischen Konzepte notiert, in den inneren Zellen deren Operationalisierung. Die Assimilation im sozialen System wird über die *Anzahl der hinzugefügten Wörter* (HW) gemessen, die Akkommodation im sozialen System wird über die *Qualitative Wissenskonstruktion* (QW) gemessen, die Assimilation im kognitiven System wird mit einem Wissenstest für *Faktenwissen* (FW) gemessen und die Akkommodation im kognitiven System wird mit einer offenen Frage gemessen, mit der *Konzeptwissen* (KW) erhoben wird. Die Operationalisierung der internalen und externalen Variablen wird im Folgenden detailliert beschrieben.

Tabelle 2: Abhängige Variablen, die individuelles Lernen und kollaborative Wissenskonstruktion messen.

	im sozialen System (external)	im kognitiven System (internal)
Assimilation	Anzahl der hinzugefügten Wörter *(HW)*	Erworbenes Faktenwissen Wissenstest *(FW)*
Akkommodation	Qualitative Wissenskonstruktion *(QW)*	Erworbenes Konzeptwissen Offene Frage *(KW)*

Externale Variablen

Um die Veränderungen am Wiki messen zu können, wurde für jede Versuchsperson jeweils die erste Version der Wiki-Seite über die Ursachen der Schizophrenie, die am Anfang des Experimentes vorgelegen hatte, mit der letzten Version der Wiki-Seite am Ende des Experimentes verglichen.

Die externale Assimilation wurde über die *Anzahl* der *hinzugefügten Wörter* gemessen, es wurde also eine Differenz aus der Anzahl der Wörter der letzten Version und der Anzahl der Wörter der ersten Version gebildet. Dabei war es auch möglich, dass Versuchspersonen Text löschen und so diese Differenz einen negativen Wert ergibt. Da das in weniger als 5% aller Fälle vorkam und keine systematische Häufung in einer bestimmen Bedingung zu finden ist (lediglich in den Bedingungen mit einem leeren Wiki kam dieser Fall erwartungsgemäß nie vor) wurden negative Werte jeweils mit 0 ersetzt.

Um externale Akkommodation *(Qualitative Wissenskonstruktion)* zu messen, wurden die Änderungen der Versuchspersonen an der letzten Version des Wikis im Vergleich zu ersten Version analysiert. Mögliche Zwischenschritte, die in den einzelnen Zwischenversionen einer Seite zu sehen wären, wurden nicht berücksichtigt. So konnten nahezu alle Änderungen einer Versuchsperson erfasst werden, nur der Fall, dass eine Person eine vorgenommene Änderung wieder rückgängig macht, sodass diese in der letzten Version des Wikis am Ende des Versuchs nicht mehr erkennbar ist, wurde damit nicht berücksichtigt. Gezählt wurden dabei alle Sätze, in denen die Versuchspersonen einen Verweis auf das Diathese-Stress-Modell oder eine mögliche Interaktion zwischen biologischen und sozialen Ursachen nannten, mehrere Argumente miteinander verbanden (z.B. durch Begriff wie „im Gegensatz dazu", „einerseits", „andererseits", „trotzdem") oder einen Überblick über die im Text folgenden Argumente gaben. Der so erhobene Index beschreibt also das Ausmaß an qualitativen strukturierenden Änderungen am Text.

Internale Variablen

Individuelles Lernen der Versuchspersonen wurde im Anschluss an die Wiki-Phase mit einem Onlinefragebogen gemessen. Es wurde keine Veränderungsmessung durchgeführt, also das Vorwissen vor dem Experiment nicht gemessen, um Lerneffekte durch das Bearbeiten des Vorwissenstest auszuschließen und zudem die Tatsache zu verschleiern, dass mit dem Experiment der Erwerb von Wissen untersucht wird. Da aber davon auszugehen ist, dass die Versuchspersonen kein oder sehr wenig Vorwissen in der Lerndomäne hatten, ist das methodisch vertretbar. Außerdem sind durch die zufällige Zuweisung der Versuchspersonen zu den Versuchsbedingungen keine Unterschiede zwischen den Bedingungen zu erwarten.

Die internale Assimilation *(Faktenwissen)* wurde mit Hilfe eines Wissenstest mit 21 Items gemessen Es wurden jeweils Aussagen über die Ursachen des Schizophrenie präsentiert, die Versuchspersonen mussten mit den Optionen „stimmt", „stimmt nicht", „weiß es nicht" antworten. Daraus wurde ein Gesamtscore gebildet, der die Anzahl der richtigen Antworten widerspiegelt, die Antwort „weiß nicht" wurde dabei als falsche Antwort gewertet. Der Wissenstest ist in Anhang 9.8 zu sehen.

Die internale Akkommodation (*Konzeptwissen*) wurde mit Hilfe einer offenen Frage im Fragebogen nach der Wiki-Phase erhoben. Die Versuchspersonen wurden gebeten, die ihrer Meinung nach „beste Erklärung für die Ursachen der Schizophrenie" anzugeben. Die Antworten der Versuchspersonen wurden bewertet nach dem Ausmaß des zugrunde liegenden Konzeptwissens. Eine Antwort, die nur auf biologische oder auf soziale Ursachen einging, wurde mit einem Punkt bewertet. Zwei Punkte erhielten die Versuchspersonen, wenn sie sowohl biologische als auch soziale Gründe nannten. Die Versuchspersonen erhielten drei Punkte, wenn sie eine Interaktion oder Korrelation zwischen beiden Faktoren angaben und vier Punkte, wenn sie ein biologische Vulnerabiliät vorschlugen, die in Zusammenhang mit externem, psychosozialem Stress zu einem Ausbruch der Schizophrenie führen kann. Je höher die Punktzahl, desto höher ist also das Ausmaß an Konzeptwissen, das die Versuchspersonen erworben haben.

6.3 *Überblick über die Hypothesen*

Im folgenden Abschnitt wird ein Überblick über die Hypothesen und die unabhängigen Variablen der fünf Studien gegeben. Auf die Hypothesen im Detail wird dann in den Abschnitten 6.5 bis 6.9 bei den jeweiligen Studien eingegangen.

Die Studien 1 bis 3 fokussieren den Aspekt der Inkongruenz zwischen Informationen im Wiki und dem Wissen der Versuchspersonen. Dabei wird angenommen, dass eine mittlere Inkongruenz optimal für Lernen (internale Assimilation und Akkommodation) und kollaborative Wissenskonstruktion (externale Assimilation und Akkommodation) ist. In Studie 1 wurde das Wissen der Versuchspersonen konstant gehalten und die Inkongruenz über die Menge der Informationen im Wiki variiert. Die Möglichkeit zur Internalisierung von Informationen aus dem Wiki war also konstant, manipuliert wurde die Möglichkeit zur Externalisierung. Studie 2 und 3 sind spiegelbildlich zur Studie 1 angelegt. Die Inhalte im Wiki waren über alle Bedingungen gleich. Variiert wurde das Wissen der Versuchspersonen und damit die Möglichkeit zur Internalisierung von Inhalten. Hier ist die Messung der internalen Prozesse (Fakten- und Konzeptwissen) also durch die unterschiedliche Menge an Vorwissen zwischen den Bedingungen beeinflusst, was den Vorteil der mittleren Inkongruenz für internale Prozesse überlagern wird. Für die externalen Prozesse wird weiterhin ein Vorteil der mittleren Inkongruenz angenommen.

Studie 4 und 5 differenzieren die Inkongruenz weiter aus. In Studie 4 wurde die Redundanz manipuliert, in Studie 5 die Gegensätzlichkeit. Außerdem wurde in 5 Studie sowohl die Möglichkeit zur Externalisierung als auch die Möglichkeit zur Internalisierung konstant gehalten. Tabelle 3 gibt einen Überblick über die fünf experimentellen Studien. Dabei werden die einzelnen Hypothesen benannt (die Operationalisierung ist jeweils kursiv gesetzt) und in der letzten Spalte angegeben, ob die Hypothese bestätigt wurde oder nicht.

Tabelle 3: Überblick über die Hypothesen der fünf experimentellen Studien.

Studie 1	Inkongruenz hoch vs. mittel vs. niedrig		
	Wissen konstant | Manipulation der Externalisierung		

1.1.a	Externale Assimilation - *Hinzugefügte Wörter*	$M(HW)_N < M(HW)_M$	√
1.1.b		$M(HW)_M < M(HW)_H$	∅
1.2.a	Externale Akkommodation - *Qualitative Wissenskonstruktion*	$M(QW)_M > M(QW)_N$	√
1.2.b.		$M(QW)_M > M(QW)_H$	√
1.3.a	Internale Assimilation - *Faktenwissen*	$M(FW)_M > M(FW)_N$	√
1.3.b		$M(FW)_M > M(FW)_H$	√
1.4.a	Internale Akkommodation - *Konzeptwissen*	$M(KW)_M > M(KW)_N$	√
1.4.b		$M(KW)_M > M(KW)_H$	√

Studie 2	Inkongruenz hoch vs. mittel vs. niedrig		
Studie 3*	Wiki konstant | Manipulation der Internalisierung		

2/3.1.a	Externale Assimilation - *Hinzugefügte Wörter*	$M(HW)_H < M(HW)_M$	√/√
2/3.1.b		$M(HW)_H < M(HW)_N$	√/√
2/3.2.a	Externale Akkommodation - *Qualitative Wissenskonstruktion*	$M(QW)_M > M(QW)_N$	√/√
2/3.2.b.		$M(QW)_M > M(QW)_H$	√/√
2/3.3.a	Internale Assimilation - *Faktenwissen*	$M(FW)_N > M(FW)_M$	√/√
2/3.3.b		$M(FW)_M > M(FW)_H$	∅/√
2/3.4.a	Internale Akkommodation - *Konzeptwissen*	$M(KW)_M > M(KW)_N$	∅/√
2/3.4.b		$M(KW)_M > M(KW)_H$	∅/√

Studie 4	Redundanz hoch vs. mittel vs. niedrig		
	Wissen konstant | Manipulation der Externalisierung		

4.1.a	Externale Assimilation - *Hinzugefügte Wörter*	$M(HW)_N > M(HW)_M$	√
4.1.b		$M(HW)_N > M(HW)_H$	√
4.2.a	Externale Akkommodation - *Qualitative Wissenskonstruktion*	$M(QW)_M > M(QW)_N$	√
4.2.b.		$M(QW)_M > M(QW)_H$	√
4.3.a	Internale Assimilation - *Faktenwissen*	$M(FW)_M > M(FW)_N$	∅
4.3.b		$M(FW)_M > M(FW)_H$	√
4.4.a	Internale Akkommodation - *Konzeptwissen*	$M(KW)_M > M(KW)_N$	∅
4.4.b		$M(KW)_M > M(KW)_H$	∅

Studie 5	Gegensätzlichkeit hoch vs. niedrig		
	Wissen und Wiki konstant | keine Redundanz		

5.1.	Externale Assimilation - *Hinzugefügte Wörter*	$M(HW)_H > M(HW)_N$	√
5.2.	Externale Akkommodation - *Qualitative Wissenskonstruktion*	$M(QW)_H > M(QW)_N$	√
5.3.	Internale Assimilation - *Faktenwissen*	$M(FW)_H > M(FW)_N$	∅
5.4	Internale Akkommodation - *Konzeptwissen*	$M(KW)_H > M(KW)_N$	∅

∅ nicht bestätigt \| √ bestätigt \| √ marginal signifikant

*Da sich Studie 2 und 3 bis auf die Änderung der Lernzeit entsprechen wurden die beiden Studien der besseren Übersichtlichkeit wegen zusammengefasst. Die Information vor dem Schrägstrich bezieht sich auf Studie 2, die Information hinter dem Schrägstrich auf Studie 3.

6.4 Durchführung

Die Studien wurden als Gruppenversuche mit jeweils 5-10 Personen durchgeführt und dauerten jeweils etwa 120 Minuten. Um eine größtmögliche Standardisierung zu erreichen, wurde die gesamte Studie computergesteuert durchgeführt. Lediglich zu Beginn und am Ende des Experimentes erfolgte eine kurze Instruktion, sowie die Begrüßung bzw. Verabschiedung (Anhang 9.5) durch den Versuchsleiter. Alle anderen Instruktionen, ein kurzes Tutorial zur Bedienung des Wikis und die Fragebögen vor und nach der Arbeit mit dem Wiki, wurden auf einem Laptop präsentiert. Jede Versuchsperson arbeitete an einem eigenen Laptop, der mit einer externen Maus als zusätzliches Eingabemedium versehen war. Die Newsletter mit den Informationen über die Ursachen der Schizophrenie erhielten die Versuchspersonen in einer geschlossenen Mappe, sodass diese während des Ausfüllens der Vor- und Nachfragebögen dort abgelegt werden konnten.

Um die Vergleichbarkeit der erhobenen Daten sicherzustellen, begannen alle Versuchspersonen einer Bedingung ihre Arbeit an der gleichen Version des Wikis. Jede Versuchsperson hatte also ein eigenes Wiki, die Bearbeitungen der einzelnen Versuchspersonen wurden den anderen Versuchspersonen nicht zugänglich gemacht. Bei der Einladung zum Versuch, bei der Begrüßung und Instruktion wurde aber explizit darauf hingewiesen, dass die Teilnehmer gemeinsam an dem Wiki arbeiten würden. Durch die Anwesenheit der anderen Teilnehmer wurde der Eindruck verstärkt, dass es sich um eine kollaborative Arbeit an dem Wiki handelt, auch wenn zu keinem Zeitpunkt während des Versuch eine wirkliche Kollaboration zwischen den Versuchspersonen stattfand, da jeder mit einer eigenen Version des Wiki arbeitete. Außerdem wurde von den Versuchsleitern darauf geachtet, dass die Versuchspersonen die Arbeiten der anderen nicht auf dem Bildschirm beobachten konnten.

Nach einer kurzen Begrüßung und organisatorischen Hinweisen zur Dauer und Entlohnung sowie der Bitte, während des Experimentes nicht miteinander zu reden, wurden die Versuchspersonen gebeten, sich mit ihrem Benutzernamen und einem Passwort anzumelden. Dann wurde ein kurzer allgemeiner Überblick über den Ablauf der Studie gegeben. Die Versuchspersonen mussten einen ersten Fragebogen (Anhang 9.7) mit demografischen Daten und Fragen zu ihrer Erfahrung mit Wikis und Wikipedia ausfüllen. Anschließend erhielten die Versuchspersonen in einem kurzen Tutorial eine Einführung in die Bedienung der Wiki-Software. Hier wurden animierte Screenshots aus der Wikisoftware gezeigt (Abbildung 33). Das Tutorial lief automatisch ab, die Versuchspersonen konnten aber auch selbst eingreifen und vorwärts oder rückwärts blättern.

Nach dem Tutorial wurden die Versuchspersonen gebeten, die Newsletter-Texte, die neben ihnen in einer Mappe lagen, anzuschauen und sich mit dem Inhalt vertraut zu machen. Die Versuchspersonen wurden instruiert, sich einen „Überblick zu verschaffen". Die Zeitdauer, die ihnen dafür zur Verfügung stand, hing von der Bedingung ab und wird jeweils im Abschnitt über das Design der einzelnen Studien beschrieben. Danach konnten sie mit der Arbeit an dem Wiki beginnen. Während dieser Phase hatten die Versuchspersonen ständig Zugriff auf die zuvor erhaltenen Newsletter. Diese Phase dauerte 50 Minuten. Fünf Minuten vor dem Ende der Phase wurden die Versuchspersonen mit einem kleinen Popup-Fenster gebeten, zum Schluss zu kommen und ihre Änderungen zu speichern. Nach Ablauf der 50 Minuten wurde die Wiki-Phase automatisch abgebrochen. In einem zweiten Fragebogenteil (Anhang 9.8) wurden die Tests zum Fakten- und Konzeptwissen präsentiert, sowie die weiteren Kontrollvariablen erhoben (siehe Abschnitt 6.2). Anschließend wurden die Teilnehmer über die Methode und Ziele des Experimentes aufgeklärt (Anhang 9.6) und erhielten ihre Aufwandsentschädigung oder eine Bescheinigung über die Teilnahme.

6.5 Studie 1: Manipulation der Informationen im Wiki

Die Haupthypothese der ersten Studie ist, dass eine mittlere Inkongruenz zwischen den Informationen im sozialen System und dem Wissen im kognitiven System zu mehr individuellem Lernen und kollaborativer Wissenskonstruktion führt als eine niedrige oder hohe Inkongruenz (siehe Kapitel 4.1). Als Grund dafür wird angenommen, dass eine niedrige Inkongruenz keinen kognitiven Konflikt auslöst und das Individuum so nicht zur Äquilibration gezwungen wird und infolgedessen weniger Lernprozesse ablaufen. Bei einer hohen Inkongruenz bestehen dagegen motivationale Hürden, Änderungen am Text vorzunehmen oder vorhandene Wissensstrukturen zu ändern. Außerdem kann eine hohe Inkongruenz auch dazu führen, dass vorhandene Beziehungen zwischen eigenem Wissen und Informationen im Wiki gar nicht erkannt werden und so Lerner keine Anknüpfungspunkte finden. Deshalb sollten auch in der Bedingung mit hoher Inkongruenz weniger Lernprozesse stattfinden als in der Bedingung mit mittlerer Inkongruenz. In Studie 1 wurde für die Umsetzung der drei Bedingungen das Vorwissen der Versuchspersonen konstant gehalten und die Inhalte des Wikis variiert.

6.5.1 Design

Es handelt sich um ein 1x3 faktorielles Design mit Inkongruenz (niedrig vs. mittel vs. hoch) als Zwischensubjektfaktor. In allen drei Bedingungen war die Menge an Informationen, welche die Versuchspersonen zu Beginn der Wiki-Phase erhalten haben, gleich: Alle Versuchspersonen erhielten alle zehn Newsletter. Variiert wurde die Inkongruenz mithilfe der Vollständigkeit des Wikis: In der Bedingung mit niedriger Inkongruenz waren alle Informationen im Wiki enthalten, in der Bedingung mit mittlerer Inkongruenz waren entweder nur biologische oder nur soziale Argumente enthalten. Um mögliche qualitative Unterschiede zwischen den biologischen und sozialen Unterschieden zu kontrollieren, gab es zwei Versionen dieser Wikis, die zu einer Bedingung zusammengefasst wurden. In der Bedingung mit hoher Inkongruenz war die Wiki-Seite über die Ursachen der Schizophrenie leer.

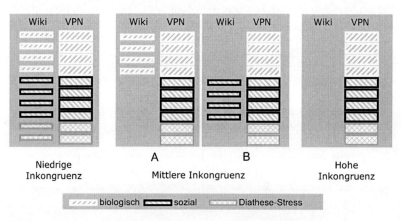

Abbildung 12: Drei Experimentalbedingungen mit unterschiedlicher Inkongruenz.

Als abhängige Variablen wurden die *Anzahl der hinzugefügten Wörter, qualitative Wissenskonstruktion,* der Erwerb von *Faktenwissen* und der Erwerb von *Konzeptwissen* gemessen. Als Kontrollvariablen wurden zusätzlich der Zeitanteil in dem das Wiki im Edit-Modus war, also von der Versuchspersonen bearbeitet werden konnte, im Vergleich zur Gesamtzeit der Wiki-Phase erhoben. Außerdem wurden die Versuchspersonen gefragt, ob sie bereits Wissen über die Ursachen der Schizophrenie hätten oder im Rahmen ihres Studiums oder einer Ausbildung bereits etwas darüber gehört hätten.

6.5.2 Hypothesen

In der Bedingung mit niedriger Inkongruenz fanden die Versuchspersonen ein vollständiges Wiki vor. Um ihnen trotzdem die Möglichkeit zu geben, Inhalte zu ergänzen, enthielten die Newsletter zusätzliche Informationen (siehe oben), die aber für die Argumentstruktur des Texte unerheblich waren. In der Bedingung mit mittlerer Inkongruenz waren vier Argumente im Wiki enthalten, in der Bedingung mit hoher Inkongruenz enthielt das Wiki keine Argumente. Mit Hilfe der Vollständigkeit des Wikis wurde also die Möglichkeit manipuliert, eigenes Wissen zu externalisieren. Es ist davon auszugehen, dass die Versuchspersonen mehr Wörter schrieben, umso mehr Informationen im Wiki fehlten.

Hypothese 1.1a: $M(\text{HW})_N < M(\text{HW})_M$
Hypothese 1.1b: $M(\text{HW})_M < M(\text{HW})_H$

Für die anderen drei abhängigen Variablen wird der vom Modell der Ko-Evolution postulierte Zusammenhang erwartet: In der Bedingung mit mittlerer Inkongruenz finden mehr Lernprozesse statt. Die weiteren Hypothesen sind im Folgenden detailliert dargestellt.

Es wird mehr qualitative Wissenskonstruktion in der Bedingung mit mittlerer Inkongruenz als in der Bedingung mit hoher und niedriger Inkongruenz erwartet.

Hypothese 1.2a: $M(\text{QW})_M > M(\text{QW})_N$
Hypothese 1.2b: $M(\text{QW})_M > M(\text{QW})_H$

Der Erwerb von Faktenwissen und der Erwerb von Konzeptwissen sind in der Bedingung mit mittlerer Redundanz höher als in der Bedingung mit niedriger Redundanz und in der Bedingung mit hoher Redundanz.

Hypothese 1.3a: $M(\text{FW})_M > M(\text{FW})_N$
Hypothese 1.3b: $M(\text{FW})_M > M(\text{FW})_H$
Hypothese 1.4a: $M(\text{KW})_M > M(\text{KW})_N$
Hypothese 1.4b: $M(\text{KW})_M > M(\text{KW})_H$

Außerdem lassen sich Hypothesen über die Korrelationen zwischen den vier Prozessen formulieren. Diese ergeben sich aus der Annahme, dass sich das soziale und das kognitive System gegenseitig beeinflussen und es einen Prozess der Ko-Evolution gibt. Es wird erwartet, dass die internalen und externalen Prozesse der Assimilation miteinander korrelieren, also die Anzahl der hinzugefügten Wörter und der Erwerb von Faktenwissen.

Hypothese 1.5a: Korrelation der Prozesse der Assimilation
$r(\text{HW},\text{FW}) > 0$

Analog dazu wird erwartet, dass die Prozesse der internalen und externalen Akkommodation miteinander korrelieren, also die qualitative Wissenskonstruktion und der Erwerb von Konzeptwissen.

Hypothese 1.5b: Korrelation der Prozesse der Akkommodation

$r(QW,KW)>0$

6.5.3 Versuchspersonen

An der Studie nahmen 61 Teilnehmer teil, 43 waren weiblich, 17 männlich (eine Person machte keine Angaben zum Geschlecht). Die Versuchspersonen waren zum größten Teil Studierende der Universität Tübingen, die über mehrere E-Mailverteiler geworben worden waren. Studierende des Fachs Psychologie, die länger als zwei Semester studierten, wurden aufgrund des zu erwartenden Vorwissens in der Lerndomäne nicht zur Teilnahme zugelassen. Das Durchschnittsalter betrug 24.64 Jahre ($SD=10.58$). Die Versuchspersonen wurden zufällig den Versuchsbedingungen zugeordnet. 18 Personen wurden der Bedingung *niedrige Inkongruenz* zugeordnet, 22 Personen wurden der Bedingung *mittlere Inkongruenz* zugeordnet, 21 Personen der Bedingung *hohe Inkongruenz*.

6.5.4 Ergebnisse

Um die einzelnen Experimentalbedingungen für jede abhängige Variable zu vergleichen, wurden t-Tests (einseitig) für unabhängige Stichproben durchgeführt.

Externale Variablen

Hinzugefügte Wörter: Wie erwartet (Hypothese 1.1.a) schrieben die Versuchspersonen in der Bedingung mit mittlerer Inkongruenz ($M(HW)_M=210.00$, $SD=124.98$) mehr Wörter als in der Bedingung mit niedriger Inkongruenz ($M(HW)_N=78.78$, $SD=64.17$), $t(38)=4.03$, $p<.01$, $d=1.32$. Entgegen der Hypothese 1.1.b gab es keinen Unterschied zwischen der Bedingung mit hoher Inkongruenz ($M(HW)_H=268.70$, SD=99.35) und mit mittlerer Inkongruenz ($M(HW)_M=210.00$, $SD=124.98$), t(40)=-1.67, $p>.05$. Abbildung 13 zeigt die Mittelwertunterschiede zwischen den drei Bedingungen für die abhängige Variable *hinzugefügte Wörter.*

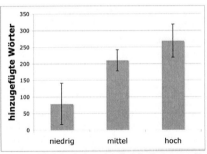

Abbildung 13: Mittelwertsunterschiede zwischen den drei Bedingungen für die abhängige Variable hinzugefügte Wörter.

Qualitative Wissenskonstruktion: In der Bedingung mit mittlerer Inkongruenz $(M(\mathrm{QW})_\mathrm{M}=3.29, SD=2.70)$ war mehr qualitative Wissenskonstruktion zu finden als in der Bedingung mit niedriger Inkongruenz $(M(\mathrm{QW})_\mathrm{N}=1.78, SD=1.70)$, $t(37)=2.04$, $p=.02$, $d=0.67$ (Hypothese 1.2a bestätigt). In der Bedingung mit mittlerer Inkongruenz $(M(\mathrm{QW})_\mathrm{M}=3.29, SD=2.70)$ war mehr qualitative Wissenskonstruktion zu finden als in der Bedingung mit hoher Inkongruenz $(M(\mathrm{QW})_\mathrm{H}=2.05, SD=0.94)$, $t(39)=1.93$, $p=.03$, $d=0.61$ (Hypothese 1.2b bestätigt). Abbildung 14 zeigt die Mittelwertsunterschiede zwischen den drei Bedingungen für die abhängige Variable *Qualitative Wissenskonstruktion.*

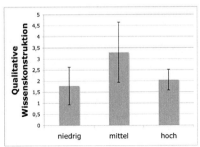

Abbildung 14: Mittelwertsunterschiede zwischen den drei Bedingungen für die abhängige Variable Qualitative Wissenskonstruktion.

Internale Variablen

Faktenwissen: Wie erwartet (Hypothese 1.3a) wurde in der Bedingung mit mittlerer Inkongruenz $(M(\mathrm{FW})_\mathrm{M}=15.50, SD=2.30)$ mehr Faktenwissen erworben als in der Bedingung mit niedriger Inkongruenz $(M(\mathrm{FW})_\mathrm{N}=13.78, SD=2.82)$, $t(38)=2.13$, $p=.02$, $d=0.67$. In der Bedingung mit mittlerer Inkongruenz $(M(\mathrm{FW})_\mathrm{M}=15.50, SD=2.30)$ wurde außerdem mehr Faktenwissen erworben als in der Bedingung mit hoher Inkongruenz $(M(\mathrm{FW})_\mathrm{H}=14.24,$

$SD=1.92$), $t(41)=1.95$, $p=.03$, $d=0.59$ (Hypothese 1.3b bestätigt). Abbildung 15 zeigt die Mittelwertsunterschiede zwischen den drei Bedingungen für die abhängige Variable *Faktenwissen*.

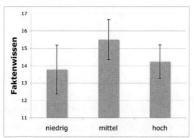

Abbildung 15: Mittelwertsunterschiede zwischen den drei Bedingungen für die abhängige Variable Faktenwissen.

Konzeptwissen: Wie in Hypothese 1.4b vorhergesagt, wurde in der Bedingung mit mittlerer Inkongruenz ($M(KW)_M=3.04$, $SD=1.13$) mehr Konzeptwissen erworben als in der Bedingung mit niedriger Inkongruenz ($M(KW)_N=2.29$, $SD=1.16$), $t(37)=2.03$, $p=.02$, $d=0.65$. Außerdem wurde in der Bedingung mit mittlerer Inkongruenz ($M(KW)_M=3.04$, $SD=1.13$) mehr Konzeptwissen erworben als in der Bedingung mit hoher Inkongruenz ($M(KW)_H=2.43$, $SD=1.03$), $t(41)=1.87$, $p=.03$, $d=0.56$ (Hypothese 1.4b bestätigt). Abbildung 16 zeigt die Mittelwertsunterschiede zwischen den drei Bedingungen für die abhängige Variable *Konzeptwissen*.

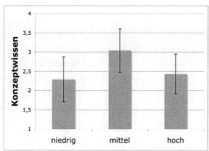

Abbildung 16: Mittelwertsunterschiede zwischen den drei Bedingungen für die abhängige Variable Konzeptwissen.

Korrelationen

Wie erwartet findet sich eine Korrelation zwischen den beiden Variablen die Assimilation messen: *Faktenwissen* und *Anzahl der hinzugefügten Wörter* korrelieren mit $r=.32$, $p<.01$ (Hypothese 1.5a bestätigt). Auch zwischen den beiden

Variablen, die Akkommodation messen, findet sich eine Korrelation mit $r=.22$, $p=.05$ (Hypothese 1.5b bestätigt). Außerdem korrelieren die beiden Variablen, die internale Prozesse bzw. externale Prozesse messen, miteinander. Für die internalen Prozesse zeigt sich eine Korrelation zwischen *Konzeptwissen* und *Faktenwissen* mit $r=.42$, $p<.01$, für die externalen Prozesse eine Korrelation zwischen *Anzahl der hinzugefügten Wörter* und *Faktenwissen* mit $r=.41$, $p<.01$.

Kontrollvariablen

Vorwissen: Wie erwartet war das Vorwissen der Versuchspersonen über die Ursachen der Schizophrenie gering. Die meisten (96.70 %) der Teilnehmer gaben an noch nie etwas über die Ursachen der Schizophrenie gehört zu haben oder nur sehr wenig darüber zu wissen und schätzten ihr Vorwissen als gering oder sehr gering ein.

Zeitanteil Seitenbearbeitung: Die Versuchspersonen verbrachten in der Bedingung mit hoher Inkongruenz ($M_{\mathrm{H}}=86.60\%$, $SD=12.90$) mehr Zeit mit dem Editieren der Wiki-Seite als in der Bedingung mit niedriger Inkongruenz ($M_{\mathrm{N}}=75.30\%$, $SD=16.60$), $t(36)=2.34$, $p=.03$. In der Bedingung mit mittlerer Inkongruenz verbrachten die Versuchspersonen $M_{\mathrm{M}}=83.40\%$ ($SD=17.52$) der Zeit mit dem Editieren des Wikis. Das scheint zunächst ein triviales Ergebnis zu sein, da ein vollständiger Eintrag wie in der Bedingung mit niedriger Inkongruenz weniger Editierungen erfordert. Es zeigt aber, dass kein linearer Zusammenhang zwischen der Zeit, die mit dem Bearbeiten der Seite verbracht wird, und dem Erwerb von Wissen besteht.

6.5.5 Diskussion

Es scheint gelungen zu sein, die postulierten Prozesse des individuellen Lernens und der kollaborativen Wissenskonstruktion zu messen. Mit Hilfe der Analyse der Änderungen, die die Versuchspersonen im Wiki vorgenommen haben, konnten Prozesse der Wissenskonstruktion gemessen werden. Es zeigt sich, dass sich quantitative Wissenskonstruktion (das Hinzufügen neuer Informationen ohne vorhandene Strukturen zu ändern) und qualitative Wissenskonstruktion (als Umstrukturieren oder Verändern vorhandener Inhalte um neues Wissen integrieren zu können) voneinander abgrenzen lassen. Die Operationalisierung von individuellen Lernprozessen als Erwerb von Faktenwissen und Erwerb von Konzeptwissen scheint ebenfalls erfolgreich gewesen zu sein. Die Korrelationen zwischen den Variablen können als Hinweise auf die theoretische Gültigkeit der Konstrukte einerseits und die erfolgreiche Operationalisierung andererseits verstanden werden. Der Erwerb von Faktenwissen und Konzeptwissen sind nicht unabhängig voneinander. Gleichzeitig sind die nur mittleren Korrelationen zwischen den beiden Variablen ein

Hinweis darauf, dass eine konzeptuelle Trennung der beiden Aspekte gerechtfertigt ist und sich diese Konstrukte in einem Experiment getrennt voneinander messen lassen. Mit Blick auf die Korrelation zwischen den beiden Variablen, die Prozesse der Assimilation messen (also Faktenwissen und quantitative Wissenskonstruktion), ist es plausibel anzunehmen, dass der Prozess der Externalisierung von eigenem Wissen in das Wiki zu einer tieferen Verarbeitung der Inhalte führt und damit auch der Erwerb von Faktenwissen zunimmt. Das Gleiche gilt für die Korrelationen zwischen den beiden akkommodativen Prozessen. Je mehr eigenes Wissen eine Person in die vorhandenen Informationen im Wiki integriert (anstatt sie nur hinzuzufügen), desto höher ist der Erwerb von Konzeptwissen. Allerdings ist die Korrelation der beiden Variablen nur gering. Ein Grund dafür könnte die Reliabilität der Messung des Konzeptwissens sein, die lediglich auf einer einzigen Frage basiert. Alternative Messmethoden für die Messung der internalen Akkommodation werden deshalb im Kapitel 7.1.6 diskutiert.

Die Anzahl der hinzugefügten Wörter war in der Bedingung mit niedriger Inkongruenz geringer als in der Bedingung mit mittlerer und hoher Inkongruenz. In der Bedingung mit niedriger Inkongruenz fand also weniger qualitative Wissenskonstruktion statt als in der Bedingung mit mittlerer und niedriger Inkongruenz. Es gibt keinen signifikanten Unterschied zwischen der mittleren und hohen Inkongruenz. Die Hypothese 1.1a konnte also bestätigt werden, die in Hypothese 1.1b postulierten Unterschiede waren nicht zu finden. Dieser fehlende Unterschied zwischen der mittleren und hohen Inkongruenz lässt sich damit erklären, dass die Wiki-Phase von 50 Minuten eventuell nicht ausreichend ist, um Unterschiede zwischen der Bedingung mit leerem Wiki (hohe Inkongruenz) und einseitigem Wiki (mittlere Inkongruenz) zu induzieren. Auch in der Bedingung mit mittlerer Inkongruenz fehlten noch genügend Informationen, sodass Versuchspersonen in den 50 Minuten genauso viele Informationen ergänzten wie in der Bedingung mit hoher Inkongruenz. Auf den ersten Blick scheint dieses Ergebnis trivial, da die Versuchspersonen in einem leeren oder einseitigen Wiki mehr schreiben können als in einem vollständigen Wiki. Dennoch zeigt dieses Ergebnis, dass kein linearer Zusammenhang besteht zwischen der Anzahl der geschriebenen Wörter und der qualitativen Wissenskonstruktion. Hier zeigt sich, wie in Hypothese 1.2a und 1.2b erwartet wurde, dass in der Bedingung mit mittlerer Inkongruenz am meisten qualitative Wissenskonstruktion stattfand. Auch die Hypothesen 1.3a und 1.3b konnten bestätigt werden: Eine mittlere Inkongruenz zwischen dem Vorwissen der Versuchspersonen und den Informationen im Wiki führte zu mehr Erwerb von Faktenwissen, im Vergleich zu der Bedingung mit niedriger und hoher Inkongruenz. Wie erwartet (Hypothese 1.4a und 1.4b) gilt das auch für den Erwerb von Konzeptwissen: Die Versuchspersonen gaben komplexere Erklärungen zu den Ursachen der Schizophrenie in der Bedingung mit mittlerer Inkongruenz, im Vergleich zu den Bedingungen mit niedriger und mit hoher Inkongruenz.

Die Ergebnisse der Studien können als empirische Evidenz für die Annahmen des Ko-Evolutionsmodells in Bezug auf den umgekehrt u-förmigen Zusammenhang zwischen dem Ausmaß der Inkongruenz und dem kognitiven Konflikt verstanden werden. Ein höherer kognitiver Konflikt ist der Auslöser für individuelles Lernen und kollaborative Wissenskonstruktion. Allerdings muss die konkrete Operationalisierung der Inkongruenz berücksichtigt werden, die in dieser Studie dazu führt, dass sich für die quantitative Wissenskonstruktion der zunächst aus dem Modell ableitbare Zusammenhang nicht zeigt, sondern wie in Hypothese 1.1a formuliert dazu, dass das vollständige Wiki in der Bedingung mit niedriger Inkongruenz die Externalisierung von eigenem Wissen in das Wiki überflüssig macht. In dieser ersten Studie wurde das Vorwissen der Versuchspersonen also konstant gehalten, manipuliert wurde das Ausmaß der Inkongruenz mit Hilfe unterschiedlicher Wiki-Seiten über die Ursachen der Schizophrenie. In Studie 2 wird nun das Vorwissen der Versuchspersonen manipuliert, indem sie unterschiedliche Informationen (mit Hilfe der wissenschaftlichen Newsletter) über die Ursachen der Schizophrenie erhalten.

Ziel dieser zweiten Studie ist es, die Ergebnisse der ersten Studie in Bezug auf die akkommodativen Prozesse (Erwerb von Konzeptwissen und qualitative Wissenskonstruktion) mit einer anderen Operationalisierung der Inkongruenz zu replizieren. Bedingt durch die Operationalisierung, in der die Versuchspersonen in einer Bedingung kein Vorwissen erhalten, wird aber für den Erwerb von Faktenwissen im Gegensatz zur Hypothese 1.3a und 1.3b für die zweite Studie an genommen, dass die Menge des Vorwissens vor der Wiki-Phase das Ausmaß an Faktenwissen nach der Wiki-Phase beeinflusst. Dennoch wird erwartet, dass in der Bedingung mit mittlerer Inkongruenz mehr Konzeptwissen erworben wird als in den Bedingungen mit niedriger und mit hoher Inkongruenz.

6.6 Studie 2: Manipulation des Vorwissens

Bei Studie 2 handelt es sich um eine spiegelbildliche Umsetzung der ersten Studie. Die Inhalte des Wikis wurden konstant gehalten, das Vorwissen der Versuchspersonen wurde manipuliert über die Anzahl der Newsletter, die die Versuchspersonen zu Beginn der Studie erhielten. Im Vordergrund stehen also Prozesse der Internalisierung.

6.6.1 Design

Es handelt sich um ein 1x3 faktorielles Design mit Inkongruenz (niedrig vs. mittel vs. hoch) als Zwischensubjektfaktor. Die Versuchspersonen in der Bedingung mit hoher Inkongruenz erhielten kein Vorwissen, die Versuchspersonen in der Bedingung mit mittlerer Inkongruenz erhielten jeweils entweder vier Newsletter mit biologischen oder vier Newsletter mit sozialen Ursachen der Schizophrenie. Damit wurden wieder mögliche qualitative Unterschiede zwischen den biologischen und den sozialen Ursachen kontrolliert. Die Versuchspersonen in der Bedingung mit niedriger Inkongruenz erhielten vier Newsletter mit biologischen und vier Newsletter mit sozialen Ursachen der Schizophrenie. Der Eintrag über die Ursachen der Schizophrenie im Wiki enthielt jeweils alle acht Argumente, die vier biologischen und die vier sozialen Argumente. Die zwei Argumente, die eine Interaktion zwischen den Ursachen bzw. das Diathese-Stress-Modell nahe legen, waren in dieser Studie weder in den Newslettern noch im Wiki enthalten. Damit sollte den Versuchspersonen die Möglichkeit gegeben werden, selbst eine Kombination der beiden gegensätzlichen Ursachen vorzunehmen, indem sie eine mögliche Interaktion vorschlagen. Es wird erwartet, dadurch die akkommodativen Prozesse (qualitative Wissenskonstruktion und Erwerb von Konzeptwissen) besser messen zu können, da die Hinweise auf eine mögliche Kombination der beiden Ursachen noch nicht im Versuchsmaterial enthalten sind. Abbildung 17 zeigt die drei Versuchbedingungen mit unterschiedlicher Inkongruenz. Als abhängige Variablen wurden wieder die *Anzahl der hinzugefügten Wörter, qualitative Wissenskonstruktion,* der Erwerb von *Faktenwissen* und von *Konzeptwissen* gemessen.

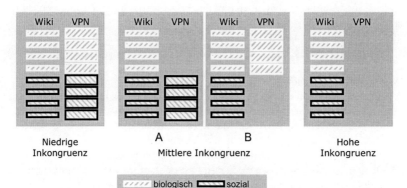

Abbildung 17: Drei Experimentalbedingungen für Studie 2 mit unterschiedlicher Inkongruenz.

6.6.2 Hypothesen

Es wird angenommen, dass die Versuchspersonen in der Bedingung mit hoher Inkongruenz am wenigsten Wörter schreiben. Da die Versuchspersonen hier kein Vorwissen hatten, war es schwierig, das Wiki um neues Wissen zu ergänzen.

Hypothese 2.1a: $M(HW)_H < M(HW)_M$
Hypothese 2.1b: $M(HW)_H < M(HW)_N$

Wie in Studie 1 wird mehr qualitative Wissenskonstruktion in der Bedingung mit mittlerer Inkongruenz als in der Bedingung mit hoher und niedriger Inkongruenz erwartet.

Hypothese 2.2a: $M(QW)_M > M(QW)_N$
Hypothese 2.2b: $M(QW)_M > M(QW)_H$

Das Faktenwissen hängt von der Menge des Vorwissens ab, das eine Person vor dem Experiment erhält: Je mehr Vorwissen eine Person hat, desto mehr Faktenwissen wird am Ende des Experimentes zu messen sein. Es wird erwartet, dass in der Bedingung mit niedriger Inkongruenz mehr Faktenwissen erworben wurde als in der Bedingung mit mittlerer Inkongruenz und in der Bedingung mit mittlerer Inkongruenz mehr als in der Bedingung mit hoher Inkongruenz.

Hypothese 2.3a: $M(FW)_N > M(FW)_M$
Hypothese 2.3b: $M(FW)_M > M(FW)_H$

Es wird erwartet, dass das Konzeptwissen in der Bedingung mit mittlerer Inkongruenz höher ist als in der Bedingung mit niedriger Inkongruenz und hoher Inkongruenz.

Hypothese 2.4a: $M(KW)_M > M(KW)_N$
Hypothese 2.4b: $M(KW)_M > M(KW)_H$

6.6.3 Versuchspersonen

An der Studie nahmen 77 Teilnehmer teil, 32 waren weiblich, 45 männlich. Die Versuchspersonen waren, wie in der Studie 1, zum größten Teil Studierende der Universität Tübingen, die über mehrere E-Mailverteiler geworben worden waren. Zusätzlich waren die Versuchspersonen über Flyer in der Mensa der Universität geworben worden. Studierende des Fachs Psychologie, die länger als zwei Semester studierten, wurden aufgrund des zu erwartenden Vorwissens in der Lerndomäne nicht zur Teilnahme zugelassen. Das Durchschnittsalter betrug 35.55 Jahre ($SD=3.59$). Die Versuchspersonen wurden zufällig den Versuchsbedingungen zugeordnet. 25 Personen wurden der Bedingung mit niedriger Inkongruenz zugeordnet, 30 Personen wurden der

Bedingung mit mittlerer Inkongruenz zugeordnet, 22 Personen der Bedingung mit hoher Inkongruenz.

6.6.4 Ergebnisse

Um die einzelnen Experimentalbedingungen für jede abhängige Variable zu vergleichen, wurden t-Tests (einseitig) für unabhängige Stichproben durchgeführt.

Externale Variablen

Hinzugefügte Wörter: In der Bedingung mit mittlerer Inkongruenz ($M(\text{HW})_M$=64.33, SD=59.65) schrieben die Versuchspersonen mehr Wörter als in der Bedingung mit hoher Inkongruenz ($M(\text{HW})_H$=11.71, SD=26.09), $t(49)$=3.79, p<.01, d=1.14 (Hypothese 2.1a bestätigt). In der Bedingung mit niedriger Inkongruenz ($M(\text{HW})_N$=64.28, SD=58.80) schrieben die Versuchspersonen ebenfalls mehr Wörter als in der Bedingung mit hoher Inkongruenz ($M(\text{HW})_H$=11.71, SD=26.09), $t(44)$=3.79, p<.01, d=1.16 (Hypothese 2.1b bestätigt). Abbildung 18 zeigt die Mittelwertsunterschiede zwischen den drei Bedingungen für die Variable *hinzugefügte Wörter*.

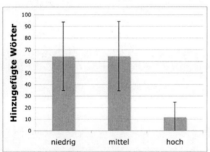

Abbildung 18: Mittelwertsunterschiede zwischen den drei Bedingungen für die abhängige Variable hinzugefügte Wörter.

Qualitative Wissenskonstruktion: Es wurde erwartet, in der Bedingung mit mittlerer Inkongruenz mehr qualitative Wissenskonstruktion zu finden als in der Bedingung mit niedriger Inkongruenz. Dieser Effekt ist nur marginal signifikant mit $M(\text{QW})_M$=1.57 (SD=1.89) vs. $M(\text{QW})_N$=0.96 (SD=0.89), $t(53)$=1.48, p=.07, d=0.41 (Hypothese 2.2a nicht bestätigt). Hingegen war, wie erwartet, in der Bedingung mit mittlerer Inkongruenz ($M(\text{QW})_M$=1.57, SD=1,89) mehr qualitative Wissenskonstruktion zu finden als in der Bedingung mit hoher Inkongruenz ($M(\text{QW})_H$=0,29, SD=0.46), $t(49)$=3,04, p<.01, d=0.93 (Hypothese 2.2b bestätigt). Abbildung 19 zeigt die Mittelwertsunterschiede zwischen den drei Bedingungen für die Variable *Qualitative Wissenskonstruktion*.

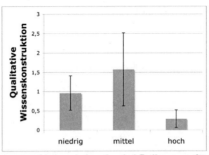

Abbildung 19: Mittelwertsunterschiede zwischen den drei Bedingungen für die abhängige Variable Qualitative Wissenskonstruktion.

Internale Variablen

Faktenwissen: In der Bedingung mit niedriger Inkongruenz ($M(\mathrm{FW})_\mathrm{N}$=13.88, SD=2.38) wurde mehr Faktenwissen erworben als in der Bedingung mit mittlerer Inkongruenz ($M(\mathrm{FW})_\mathrm{M}$=12.57, SD=2.67), $t(52)$=1.87, p=.03, d=0.52 (Hypothese 2.3a bestätigt). Es wurde erwartet, dass in der Bedingung mit mittlerer Inkongruenz mehr Faktenwissen erworben wurde als in der Bedingung mit hoher Inkongruenz. Diese Hypothese (2.3b) konnte nicht bestätigt werden: $M(\mathrm{FW})_\mathrm{M}$=12.57 ($SD$=2.67) vs. $M(\mathrm{FW})_\mathrm{H}$=11.82 ($SD$=3.17), $t(50)$=0.29, p=.18. Abbildung 20 zeigt die Mittelwertsunterschiede zwischen den drei Bedingungen für die abhängige Variable *Faktenwissen.*

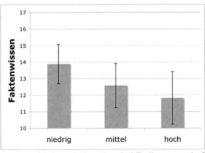

Abbildung 20: Mittelwertsunterschiede zwischen den drei Bedingungen in Studie 2 für die abhängige Variable Faktenwissen.

Konzeptwissen: Es wurde erwartet, dass in der Bedingung mit mittlerer Inkongruenz mehr Konzeptwissen erworben wurde als in der Bedingung mit niedriger Inkongruenz (Hypothese 2.4a). Diese Hypothese konnte nicht bestätigt werden: $M(KW)_M=1.07$ $(SD=0.37)$ vs. $M(KW)_N=1.12$ $(SD=0.38)$, $t(53)=0.38$, $p=.35$. Es wurde weiterhin erwartet, dass in der Bedingung mit mittlerer Inkongruenz mehr Konzeptwissen erworben wurde als in der Bedingung mit hoher Inkongruenz (Hypothese 2.4b). Diese Hypothese konnte ebenfalls nicht bestätigt werden: $M(KW)_M=1.07$ $(SD=0.37)$ vs. $M(KW)_H=1.05$ $(SD=0.58)$, $t(50)=0.16$, $p=.44$.

6.6.5 Diskussion

Wie erwartet war die externale Assimilation in der Bedingung mit mittlerer Inkongruenz höher als in der Bedingung mit niedriger Inkongruenz (Hypothese 2.1a). In der Bedingung mit niedriger Inkongruenz war die externale Assimilation höher als in der Bedingung mit hoher Inkongruenz. In der Bedingung mit hoher Inkongruenz schrieben die Versuchspersonen signifikant weniger Wörter als in den Bedingungen mit niedriger und mittlerer Inkongruenz. Das widerspricht zunächst den Ergebnissen zur Anzahl hinzugefügter Wörter in Studie 1, ergibt sich aber aus der unterschiedlichen Operationalisierung der Inkongruenz in den beiden Studien und wurde deshalb in den Hypothesen bereits berücksichtigt. In Studie 1 hatten die Versuchspersonen in der Bedingung mit niedriger Inkongruenz viel Vorwissen und arbeiteten außerdem an einem vollständigen Wiki. Daraus ergibt sich notwendigerweise, dass sie wenig neue Informationen zum Wiki beisteuern konnten. In Studie 2 konnten die Versuchspersonen in der Bedingung mit hoher Inkongruenz weniger neue Inhalte beisteuern als die Versuchspersonen in den anderen Bedingungen. Sie fanden ein vollständiges Wiki vor und hatten zudem kein Vorwissen erhalten, auf Grundlage dessen sie Änderungen vornehmen hätten können. Daraus könnte geschlossen werden, dass nicht die Inkongruenz zwischen dem eigenen Wissen und den Informationen im Wiki ausschlaggebend für externale Assimilation ist, sondern die konkrete Operationalisierung der Inkongruenz. Das gilt auch für den Erwerb von Faktenwissen: Nur wenn die konkrete Operationalisierung tatsächlich eine Möglichkeit zur Externalisierung von eigenem Wissen lässt wie in Studie 1 zeigt sich der Vorteil einer mittlereren Inkongruenz. Besteht nur eine geringe Möglichkeit, eigenes Wissen zu externalisieren, ist die Menge des Vorwissens, das die Versuchspersonen in Form der Newsletter erhalten, entscheidend für das Ausmaß des gemessenen Faktenwissens am Ende der Wiki-Phase.

Wie erwartet zeigte sich, dass die Versuchspersonen in der Bedingung mit niedriger Inkongruenz mehr Faktenwissen erworben haben als in der Bedingung mit mittlerer Inkongruenz. Der postulierte Unterschied zwischen den Bedingungen mit mittlerer und hoher Inkongruenz besteht nicht. In Bezug auf die externale Akkommodation zeigt sich am meisten qualititative Wissenskonstruktion in der Bedingung mit mittlerer Inkongruenz, der Unterschied zwischen den Bedingungen mit mittlerer und niedriger Inkongruenz ist allerdings nur marginal signifikant. Die postulierten Unterschiede für die internale Akkommodation (Konzeptwissen) zeigten sich nicht.

Insgesamt ließen sich die postulierten Hypothesen in Studie 2 nur teilweise bestätigen. Es wird angenommen, dass die Manipulation des Vorwissens der Versuchspersonen nur eingeschränkt erfolgreich war. Da die Versuchspersonen selbst entscheiden konnten, wann sie mit der eigentlichen Wiki-Phase beginnen, wird vermutet, dass die Versuchspersonen, die vier oder acht Newsletter erhalten haben, sich nicht genau genug mit den Inhalten auseinandergesetzt haben und deswegen die Unterschiede im Vorwissen nicht groß genug waren. Auch die ständige Verfügbarkeit der Newsletter während der Wiki-Phase reichte offenbar nicht aus, um die entsprechende Inkongruenz zu erzeugen. In der dritten Studie muss deswegen sichergestellt werden, dass die Unterschiede im Vorwissen zwischen den Versuchspersonen in den drei Bedingungen erfolgreich manipuliert werden, damit sich tatsächlich Unterschiede im Ausmaß der Inkongruenz ergeben. In Studie 3 wird deshalb eine zusätzliche Lernphase vor der eigentlichen Wiki-Phase eingefügt, in der sich die Versuchspersonen mit den Inhalten des Wikis beschäftigen sollen. Die Zeitdauer dieser Lernphase hängt dabei von der Anzahl der Newsletter ab. Das Design entspricht dem von Studie 2.

6.7 Studie 3: Manipulation der Lernzeit

In Studie 3 wurde zusätzlich eine Lernphase vor der eigentlichen Wiki-Phase eingeführt, in der sich die Versuchspersonen mit den Newsletter-Texten beschäftigen sollten. Damit sollte sichergestellt werden, dass die Unterschiede im Vorwissen der Versuchspersonen als Voraussetzung für Inkongruenz ausreichend groß sind.

6.7.1 Design

Das Versuchsdesign entspricht dem Design in Studie 2. Die Zeitdauer der Lernphase wurde über die drei Bedingungen hinweg in Abhängigkeit von der Anzahl der erhalten Newsletter variiert: In der Bedingung mit niedriger Inkongruenz betrug die Lernphase 20 Minuten (die Versuchspersonen erhielten acht Newsletter), in der Bedingung mit mittlerer Inkongruenz betrug die Lernphase 10 Minuten (die Versuchspersonen erhielten vier Newsletter), in der Bedingung mit hoher Inkongruenz wurde auf die Lernphase verzichtet. Diese Bedingung entspricht der Bedingung mit hoher Inkongruenz in Studie 2. Aus Gründen der Effizienz wurden die Daten dieser Bedingung aus Studie 2 auch für Studie 3 verwendet. Als abhängige Variablen wurden wieder die *Anzahl der hinzugefügten Wörter, qualitative Wissenskonstruktion,* der Erwerb von *Faktenwissen* und von *Konzeptwissen* gemessen.

6.7.2 Hypothesen

Die Hypothesen entsprechen denen in Studie 2. Es wird angenommen, dass die Versuchspersonen in der Bedingung mit hoher Inkongruenz am wenigsten Wörter schreiben.

Hypothese 3.1a: $M(HW)_H < M(HW)_M$
Hypothese 3.1b: $M(HW)_H < M(HW)_N$

In der Bedingung mit mittlerer Inkongruenz findet mehr qualitative Wissenskonstruktion statt als in der Bedingung mit niedriger und in der Bedingung mit hoher Inkongruenz.

Hypothese 3.2a: $M(QW)_M > M(QW)_N$
Hypothese 3.2b: $M(QW)_M > M(QW)_H$

Es wird außerdem erwartet, dass in der Bedingung mit niedriger Inkongruenz mehr Faktenwissen erworben wird als in der Bedingung mit mittlerer Inkongruenz und in der Bedingung mit mittlerer Inkongruenz mehr Faktenwissen als in der Bedingung mit hoher Inkongruenz erworben wird.

Hypothese 3.3a: $M(FW)_N > M(FW)_M$
Hypothese 3.3b: $M(FW)_M > M(FW)_H$

Der Erwerb von Konzeptwissen ist in der Bedingung mit mittlerer Inkongruenz höher als in der Bedingung mit niedriger Inkongruenz und in der Bedingung mit hoher Inkongruenz.

Hypothese 3.4a: $M(KW)_M > M(KW)_N$
Hypothese 3.4b: $M(KW)_M > M(KW)_H$

6.7.3 Versuchspersonen

An der Studie nahmen 72 Teilnehmer teil, 55 waren weiblich, 17 männlich. Die Versuchspersonen waren wie in Studie 1 und 2 zum größten Teil Studierende der Universität Tübingen. Das Durchschnittsalter betrug 22.06 Jahre ($SD=3.48$). Die Versuchspersonen wurden zufällig den Versuchsbedingungen zugeordnet: 25 Personen wurden der Bedingung niedrige Inkongruenz zugeordnet, 25 Personen wurden der Bedingung mittlere Inkongruenz zugeordnet, 22 Personen der Bedingung mit hoher Inkongruenz.

6.7.4 Ergebnisse

Um die einzelnen Experimentalbedingungen für jede abhängige Variable zu vergleichen, wurden t-Tests (einseitig) für unabhängige Stichproben durchgeführt.

Externale Variable

Hinzugefügte Wörter: In der Bedingung mit mittlerer Inkongruenz ($M(\text{HW})_\text{M}$=84.00, SD=64.92) schrieben die Versuchspersonen signifikant mehr Wörter ($M(\text{HW})_H$=11.71, SD=26.09) als in der Bedingung mit hoher Inkongruenz, $t(44)$=4.78, p<.01, d=1.46 (Hypothese 3.1a bestätigt). In der Bedingung mit niedriger Inkongruenz ($M(\text{HW})_\text{N}$=89.00, SD=63.38) schrieben die Versuchspersonen mehr Wörter als in der Bedingung mit hoher Inkongruenz ($M(\text{HW})_H$=11.71, SD=26.09), $t(43)$=5.21, p<.01, d=1.59 (Hypothese 3.1b bestätigt). Abbildung 21 zeigt die Mittelwertsunterschiede zwischen den drei Bedingungen für die Variable *hinzugefügte Wörter.*

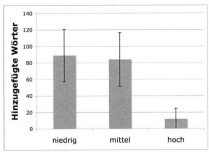

Abbildung 21: Mittelwertsunterschiede zwischen den drei Bedingungen in Studie 3 für die Variable hinzugefügte Wörter.

Qualitative Wissenskonstruktion: In der Bedingung mit mittlerer Inkongruenz ($M(\text{QW})_\text{M}$=2.04, SD=1.79) war mehr qualitative Wissenskonstruktion zu finden als in der Bedingung mit niedriger Inkongruenz ($M(\text{QW})_\text{N}$=0.58, SD=0.93), $t(47)$=3.55, p<.01, d=1.02 (Hypothese 3.2a bestätigt). In der Bedingung mit mittlerer Inkongruenz ($M(\text{QW})_\text{M}$=2.04, SD=1.79) war mehr qualitative Wissenskonstruktion zu finden als in der Bedingung mit hoher Inkongruenz ($M(\text{QW})_H$=0.29, SD=0.46), $t(44)$=4.36, p<.01, d=1.34 (Hypothese 3.2b bestätigt). Abbildung 22 zeigt die Mittelwertsunterschiede zwischen den drei Bedingungen in Studie 3 für die abhängige Variable *Qualitative Wissenskonstruktion.*

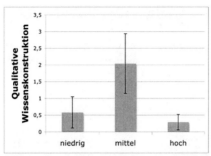

Abbildung 22: Mittelwertsunterschiede zwischen den drei Bedingungen in Studie 3 für die abhängige Variable Qualitative Wissenskonstruktion.

Internale Variablen

Faktenwissen: In der Bedingung mit niedriger Inkongruenz wurde mehr Faktenwissen $(M(\text{FW})_N=14.72, SD=2.01)$ erworben als in der Bedingung mit mittlerer Inkongruenz $(M(\text{FW})_M=13.68, SD=2.34)$, $t(48)=1.69$, $p=.05$, $d=0.48$ (Hypothese 3.3a bestätigt). In der Bedingung mit mittlerer Inkongruenz $(M(\text{FW})_M=13.68, SD=2.34)$ wurde mehr Faktenwissen erworben als in der Bedingung mit hoher Inkongruenz $(M(\text{FW})_H=11.82, SD=3.17)$, $t(45)=2.31$, $p=.01$, $d=0.67$ (Hypothese 3.3b bestätigt). Abbildung 23 zeigt die Mittelwertsunterschiede zwischen den drei Bedingungen für die abhängige Variable *Faktenwissen*.

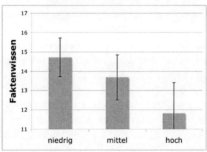

Abbildung 23: Mittelwertsunterschiede zwischen den drei Bedingungen in Studie 3 für die abhängige Variable Faktenwissen.

Konzeptwissen: Es wurde erwartet, dass in der Bedingung mit mittlerer Inkongruenz mehr Konzeptwissens erworben wird als in der Bedingung mit niedriger Inkongruenz. Die postulierten Unterschiede zwischen den beiden Gruppen waren nur tendenziell vorhanden: $M(\text{KW})_N=1.20$ $(SD=0.65)$ vs. $M(\text{KW})_M=1.48$ $(SD=0.82)$, $t(48)=1.34$, $p=.09$, $d=0.38$ (Hypothese 3.4a nicht bestätigt). Wie erwartet (Hypothese 3.4b) wurde aber der Bedingung mit mittlerer Inkongruenz ($M(KW)_M$=1.48, SD=0.82) mehr Konzeptwissen erworben als in der Bedingung mit hoher Inkongruenz ($M(KW)_H$=1.05, SD=0.58), t(45)=2.07, p=.02, d=0.61 (Hypothese 3.4b bestätigt). Abbildung 24 zeigt die Mittelwertsunterschiede zwischen den drei Bedingungen für die abhängige Variable *Konzeptwissen.*

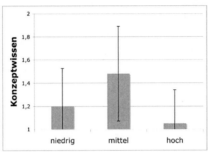

Abbildung 24: Mittelwertsunterschiede zwischen den drei Bedingungen in Studie 3 für die abhängige Variable Konzeptwissen.

6.7.5 Diskussion

Wie erwartet zeigen die Ergebnisse der Studie 3 ein höheres Ausmaß an externaler Assimilation in den Bedingungen mit niedriger und mittlerer Inkongruenz als in der Bedingung mit hoher Inkongruenz. Auch die Hypothesen zur externalen Akkommodation konnten bestätigt werden. Die Versuchspersonen in der Bedingung mit mittlerer Inkongruenz zeigten mehr qualitative Wissenskonstruktion als die Versuchspersonen in den Bedingungen mit niedriger und hoher Inkongruenz. Die Ergebnisse der Studie 2 konnten repliziert werden, sowohl die postulierten Unterschiede zwischen mittlerer und niedriger Inkongruenz als auch diejenigen zwischen mittlerer und hoher Inkongruenz sind statistisch signifikant.

Die Versuchspersonen haben mehr Faktenwissen in der Bedingung mit niedriger Inkongruenz erworben als in der Bedingung mit mittlerer Inkongruenz. Sie erwarben außerdem mehr Faktenwissen in der Bedingung mit mittlerer Inkongruenz als in der Bedingung mit hoher Inkongruenz. Die Hypothesen bezüglich der internalen Assimilation konnten also bestätigt werden. Wie erwartet ließ sich am Ende der Wiki-Phase mehr Faktenwissen messen, umso mehr Newsletter die Versuchspersonen zu Beginn erhalten hatten. Die Manipulation der Zeitdauer der Lernphase war also erfolgreich und führte wie erwartet zu größeren Unterschieden im Erwerb des Faktenwissens zwischen den drei Bedingungen.

Wie erwartet zeigt sich außerdem, dass die Versuchspersonen in der Bedingung mit mittlerer Inkongruenz mehr Konzeptwissen erwarben als in den Bedingungen mit niedriger und hoher Inkongruenz. Der Unterschied zwischen den Bedingungen mit mittlerer und niedriger Inkongruenz ist allerdings nur marginal signifikant. Der einzige Unterschied zwischen der zweiten und dritten Studie war, dass eine festgelegte Lernphase vor der eigentlichen Wiki-Phase eingeführt wurde. Die Länge der Lernphase hing von der Anzahl der zu lesenden Newsletter ab. Ziel der Änderung war, die Unterschiede im Wissen der Versuchspersonen zu vergrößern und so die erfolgreiche Manipulation der Inkongruenz sicherzustellen. Hier sind insbesondere die Ergebnisse zum Erwerb von Faktenwissen wichtig. Auch wenn die entsprechenden Bedingungen in Studie 2 und 3 sich nicht unterscheiden, findet sich mehr externale und internale Akkommodation in der Bedingung mit mittlerer Inkongruenz. Das kann nicht mit der längeren Lernzeit erklärt werden: Mehr Lernzeit führt nicht zu mehr Akkommodation. Der entscheidende Faktor ist die Inkongruenz zwischen den Informationen im Wiki und dem Vorwissen der Versuchspersonen.

Im Vergleich zu Studie 1 fokussieren die Studien 2 und 3 stärker die Prozesse der Internalisierung von Wissen. In der Bedingung mit hoher Inkongruenz konnten die Versuchspersonen während der Arbeit alle Argumente aus dem Wiki internalisieren. In der Bedingung mit mittlerer Inkongruenz war es nur möglich, diejenigen Argumente aus dem Wiki zu internalisieren, die in den Newslettern noch nicht verfügbar waren. In der Bedingung mit niedriger Inkongruenz fanden die Versuchspersonen keine neuen Informationen im Wiki vor und es war deshalb nicht möglich, während der Wiki-Phase neues Wissen aus dem Wiki zu internalisieren. Wie erwartet zeigen die Ergebnisse also zunächst eine einfache lineare Beziehung zwischen der Menge des verfügbaren Lernmaterials, das die Versuchspersonen vor der Arbeit mit dem Wiki erhielten und dem Erwerb von Faktenwissen. Die Versuchspersonen in der Bedingung mit niedriger Inkongruenz haben mehr Faktenwissen erworben als Versuchspersonen in der Bedingung mit mittlerer Inkongruenz und diese wiederum haben mehr Faktenwissen erworben als die Versuchspersonen in der Bedingung mit hoher Inkongruenz. Das zeigte sich insbesondere dann, wenn die Versuchspersonen, die mehr Newsletter erhielten, auch mehr Lernzeit vor der Arbeit mit dem Wiki hatten als die anderen Versuchspersonen. Dieses Ergebnis ist für sich alleine trivial und wenig überraschend. Relevant sind die Ergebnisse der zweiten und dritten Studie zu den Prozessen der internalen und externalen Akkommodation. Hier zeigt sich eine Überlegenheit der mittleren Inkongruenz: Die mittlere Inkongruenz zwischen dem Vorwissen der Versuchspersonen und den Informationen im Wiki führt zu einem kognitiven Konflikt, der zu mehr qualitativer Wissenskonstruktion und mehr Konzeptwissen führt. Das kann nicht mit der Menge des Vorwissens erklärt werden, welches die Versuchspersonen zu Beginn des Experimentes erhalten haben, da eine größere Menge von Vorwissen hier die Prozesse der Akkommodation nicht verstärkt. Die Versuchspersonen in der Bedingung mit niedriger Inkongruenz hatten das meiste Vorwissen erhalten, in der Bedingung mit mittlerer Inkongruenz lässt sich aber mehr Akkommodation messen.

Die Manipulation der Möglichkeit, Informationen aus dem Wiki zu internalisieren, führte dazu, dass die Möglichkeit zur Externalisierung von Wissen in das Wiki in allen drei Bedingungen gering war. Das Wiki enthielt in allen Bedingungen bereits alle relevanten Informationen. Die Versuchspersonen konnten nur noch strukturelle Änderungen vornehmen oder weniger wichtige Detailinformationen ergänzen. Die Operationalisierung der Studien 2 und 3 ist also spiegelbildlich zu Studie 1 angelegt, in der die Möglichkeit zur Internalisierung konstant in allen drei Bedingungen gering war und die Möglichkeit zur Externalisierung manipuliert wurde. Hier erhielten die Versuchspersonen in allen drei Bedingungen alle vier Newsletter und die Vollständigkeit des Wikis wurde manipuliert. Aus dem Vergleich der Studien 2 und 3 mit der Studie 1 lässt sich schließen, dass insbesondere das Externalisieren von eigenem Wissen in ein Wiki die Konstruktion von Wissen fördert.

In Bezug auf den Erwerb von Faktenwissen kann angenommen werden, dass die umgekehrt u-förmige Beziehung nicht nur gilt, wenn das Vorwissen konstant ist und die Inhalte des Wikis manipuliert werden (Studie 1), sondern auch, wenn das Vorwissen manipuliert wird (Studie 2 und 3). Hier werden die erwarteten Unterschiede aber durch die große Menge an Vorwissen in der Bedingung mit niedriger Inkongruenz verdrängt. Es kann argumentiert werden, dass nicht der Erwerb von Faktenwissen durch die Arbeit mit dem Wiki gemessen wird. Vielmehr wird der Erwerb von Faktenwissen innerhalb der Lernphase (also vor der eigentlichen Wiki-Phase) gemessen, was lediglich eine Überprüfung der erfolgreichen Manipulation bedeuten würde. Methodisch ließe sich dieses Problem mit einem Vorwissenstest vor der eigentlichen Wiki-Phase lösen. Allerdings würde das zu den bereits genannten Problemen führen. Zum einen würde dadurch der Lerneffekt der Lernphase noch verstärkt, da die Versuchspersonen während der Bearbeitung des Vorwissenstest das in der Lernphase erworbene Wissen vertiefen würden. Zum anderen würde damit der Aspekt des informellen und impliziten Lernens nicht berücksichtigt. Durch einen Vorwissenstest wird die Aufmerksamkeit der Versuchspersonen auf den Erwerb von Wissen gelegt, da sie einen weiteren Wissenstest am Ende der Wiki-Phase antizipieren würden. Aus diesem Grund wurden die Versuchspersonen auch nicht zur Teilnahme an einem Lernexperiment eingeladen, sondern es wurde ihnen als Ziel der Studie die Verbesserung und Weiterentwicklung des Wikis genannt

Zusammengefasst ist also die Manipulation der Inkongruenz konfundiert mit der Menge der redundant vorhandenen Informationen und der

Möglichkeit zur Externalisierung von Wissen in das Wiki (bzw. der Internalisierung von Informationen aus dem Wiki). In den Bedingungen mit mittlerer Inkongruenz in den Studien 1 bis 3 fanden die Versuchspersonen im Wiki (bzw. in den Newslettern) vier Argumente vor, die dem eigenen Wissen (bzw. den Informationen im Wiki) widersprechen, gleichzeitig bestand ein mittleres Ausmaß an Redundanz zwischen eigenem Wissen und den Informationen im Wiki.

Eine mögliche Lösung liegt deshalb darin, die Inkongruenz, wie in Studie 1, so zu variieren, dass die Anzahl der Newsletter, die die Versuchspersonen vor der Wiki-Phase erhalten in den drei Bedingungen konstant ist. Die Möglichkeit zur Internalisierung von Wissen aus dem Wiki kann ebenfalls konstant gehalten werden, indem alle Versuchspersonen die gleiche Anzahl an neuen Argumenten im Wiki erhalten. Dadurch wird also die Redundanz der Argumente variiert zwischen dem kognitivem System eines Nutzers (bzw. dem Vorwissen, das durch die Newsletter erworben wurde) und den Informationen im Wiki. Eine hohe Redundanz bedeutet, dass alle Argumente, die eine Versuchsperson als Vorwissen erhält, geteilte Informationen sind (Stasser, Vaughan, & Stewart, 2000), also auch im Wiki enthalten sind. In der Bedingung mit niedriger Redundanz ist die Information zwischen kognitivem System und sozialem System nicht geteilt. Der Aspekt der Inkongruenz, wie im Modell von Cress und Kimmerle (2008a) als Auslöser von individuellen Lernprozessen und kollaborativer Wissenskonstruktion beschrieben, wird weiter also differenziert. Es wird zwischen den Aspekten *Redundanz* und *Gegensätzlichkeit* unterschieden. Diese beiden Aspekte sind in den Studien 1 bis 3 konfundiert. In den Bedingungen mit mittlerer Inkongruenz müssen sich die Versuchspersonen jeweils mit einem gegensätzlichen Argumentationsansatz (biologische vs. soziale Ursachen) auseinandersetzen, der vorher nicht Teil des Vorwissens war bzw. noch nicht im Wiki enthalten war. Gleichzeitig führt die Redundanz von Informationen im Wiki und eigenem Wissen aber auch zu einer Bestätigung des Vorwissens. Auch wenn diese Konfundierung in der Regel in realen Lernsituationen ebenfalls vorhanden ist, muss sie für eine experimentelle Untersuchung der Wirkungsweise der Inkongruenz aufgelöst werden. Deshalb werden die Gegensätzlichkeit und die Redundanz getrennt voneinander untersucht.

Studie 4 wird mit demselben Versuchssetting durchgeführt, statt der Inkongruenz wird aber zunächst das Ausmaß der Redundanz zwischen den drei Bedingungen variiert. Die Gegensätzlichkeit zwischen dem Vorwissen der Versuchspersonen und den Inhalten im Wiki ist zwischen den Bedingungen konstant.

6.8 Studie 4: Manipulation der Redundanz

In Studie 4 wurde die Redundanz zwischen dem Vorwissen der Versuchspersonen und den Inhalten im Wiki manipuliert. Das Vorwissen der Versuchspersonen war in allen Bedingungen konstant, weswegen die Lernphase vor der Wiki-Phase wieder entfallen konnte. Konstant war auch die Menge der neuen, zusätzlichen Informationen, welche die Versuchspersonen im Wiki lasen, die Möglichkeit zur Internalisierung von Wissen aus dem Wiki blieb also konstant. Hier wurde jener Aspekt der Inkongruenz untersucht, der sich auf die Möglichkeit für die Versuchsperson bezieht, an bereits im Wiki vorhandene Informationen anzuknüpfen. Es wird erwartet, dass bei einer hohen Redundanz die Motivation der Versuchsperson gering ist, sich mit dem eigenen Wissen am Wiki zu beteiligen, da bereits alle zentralen Informationen im Wiki vorhanden sind. Bei einer niedrigen Redundanz fällt es der Versuchsperson hingegen schwer, Anknüpfungspunkte für das eigene Wissen zu finden und das Wiki zu erweitern. Die Versuchspersonen können zwar viel schreiben (assimilative Wissenskonstruktion), da im Wiki noch viele Informationen fehlen. Sie können das eigene Wissen aber nur wenig mit den vorhandenen Inhalten verknüpfen (akkommodative Wissenskonstruktion). Da die Versuchspersonen in der Bedingung mit mittlerer Redundanz bereits bekannte Argumente vorfinden, können sie ihre eigenen Argumente eher mit den Inhalten des Wiki verknüpfen als in der Bedingung mit niedriger Redundanz. Hier sollte also mehr qualitative Wissenskonstruktion stattfinden. In der Bedingung mit hoher Redundanz verhindert die fehlende Möglichkeit, eigenes Wissen externalisieren zu können (da bereits alle wesentlichen Informationen im Wiki enthalten sind), akkommodative und assimilative Wissenskonstruktion.

Gleichzeitig wird erwartet, dass die Versuchspersonen in der Bedingung mit mittlerer Redundanz mehr Fakten- und Konzeptwissen erwerben als in der Bedingung mit niedriger Redundanz. Es wird angenommen, dass die Möglichkeit, Anknüpfungspunkte für das eigene Wissen im Wiki zu finden, die Versuchspersonen zu einer tieferen Auseinandersetzung mit den Inhalten im Wiki anregt, was zu einem höheren Erwerb von Fakten- und Konzeptwissen führt. Postuliert wird weiter, dass in der Bedingung mit hoher Redundanz motivationale Faktoren eine tiefere Auseinandersetzung mit den Inhalten im Wiki verhindern. Die Versuchsperson hat selbst keine neuen Informationen, die sie beisteuern könnte, und wird sich deshalb weniger intensiv mit den sich widersprechenden Informationen auseinandersetzen, die im Wiki vorhanden sind. Die in der Bedingung mit niedriger Redundanz fehlenden Anknüpfungspunkte für eigenes Wissen erschweren gleichzeitig internale Lernprozesse. Es wird erwartet, dass in der Bedingung mit niedriger Redundanz ebenfalls weniger Fakten- und Konzeptwissen erworben wird als in der Bedingung mit mittlerer Redundanz.

6.8.1 Design

Es handelt sich um ein 1x3 faktorielles Design mit Redundanz (niedrig vs. mittel vs. hoch) als Zwischensubjektfaktor. In der Bedingung mit niedriger Redundanz enthielt das Wiki vier Argumente, die dem Vorwissen der Versuchsperson widersprachen. Wenn die Versuchsperson vor der Wiki-Phase vier soziale Argumente erhalten hatte, enthielt das Wiki vier gegensätzliche biologische Argumente und umgekehrt. In der Bedingung mit mittlerer Redundanz enthielt das Wiki vier gegensätzliche Argumente und zwei Argumente, die mit dem Vorwissen der Versuchspersonen übereinstimmen (geteilte Argumente). In der Bedingung mit hoher Redundanz enthielt das Wiki alle Argumente (vier gegensätzliche und vier geteilte Argumente). Die Anzahl der Argumente, die die Versuchspersonen vor der Wiki-Phase erhielten, war in allen drei Bedingungen konstant (vier biologische oder vier soziale Argumente). Um mögliche qualitative Unterschiede zwischen sozialen und biologischen Erklärungsansätzen zu kontrollieren, wurden verschiedene Versionen der drei Bedingungen erstellt und in der Bedingung mit mittlerer Redundanz die redundanten Argumente permutiert. Abbildung 25 zeigt beispielhaft drei der 16 möglichen Bedingungen mit unterschiedlicher Redundanz. Als abhängige Variablen wurden die *Anzahl der hinzugefügten Wörter*, die *qualitative Wissenskonstruktion*, der Erwerb von *Faktenwissen* und der Erwerb von *Konzeptwissen* gemessen.

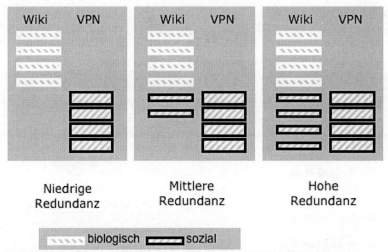

Abbildung 25: Drei Experimentalbedingungen für Studie 4 mit unterschiedlicher Redundanz.

6.8.2 Hypothesen

Es wird erwartet, dass die Versuchspersonen in der Bedingung mit niedriger Redundanz mehr Wörter schreiben als in den Bedingungen mit mittlerer und mit hoher Redundanz.

Hypothese 4.1a: $M(HW)_N > M(HW)_M$
Hypothese 4.1b: $M(HW)_N > M(HW)_H$

In der Bedingung mit mittlerer Redundanz findet mehr qualitative Wissenskonstruktion statt als in der Bedingung mit niedriger Redundanz und in der Bedingung mit hoher Redundanz

Hypothese 4.2a: $M(QW)_M > M(QW)_N$
Hypothese 4.2b: $M(QW)_M > M(QW)_H$

Der Erwerb von Faktenwissen und der Erwerb von Konzeptwissen sind in der Bedingung mit mittlerer Redundanz höher als in der Bedingung mit niedriger Redundanz und in der Bedingung mit hoher Redundanz.

Hypothese 4.3a: $M(FW)_M > M(FW)_N$
Hypothese 4.3b: $M(FW)_M > M(FW)_H$

Hypothese 4.4a: $M(KW)_M > M(KW)_N$
Hypothese 4.4b: $M(KW)_M > M(KW)_H$

6.8.3 Versuchspersonen

An der Studie nahmen 82 Versuchspersonen teil, 57 davon waren Frauen, 21 Männer. Das Durchschnittsalter betrug 24.92 Jahre ($SD=5.42$). Aufgrund eines technischen Fehlers konnten zwei Versuchspersonen keine Angaben zu demografischen Daten machen, eine Versuchsperson ließ die Frage nach ihrem Alter unbeantwortet, eine Versuchsperson gab ihr Geschlecht nicht an. Die Versuchspersonen wurden zufällig einer der drei Experimentalbedingungen zugeordnet. 29 Versuchspersonen wurden der Bedingung mit niedriger Redundanz, 26 der Bedingung mit mittlerer Redundanz und 27 der Bedingung mit hoher Redundanz zugeordnet.

6.8.4 Ergebnisse

Um die einzelnen Experimentalbedingungen für jede abhängige Variable zu vergleichen, wurden t-Tests (einseitig) für unabhängige Stichproben durchgeführt.

Externe Variablen

Anzahl hinzugefügte Wörter: In der Bedingung mit niedriger Redundanz ($M(HW)_N=176.93$, $SD=129.61$) schrieben die Versuchspersonen mehr Wörter als in der Bedingung mit mittlerer Redundanz $(M(HW)_M=72.38,\ SD=59.77)$, $t(36.88)=3.75,\ p<.01,\ d=1.04$. (Hypothese 4.1a bestätigt). In der Bedingung mit niedriger Redundanz $(M(HW)_N=176.93,\ SD=129.61)$ schrieben die Versuchspersonen mehr Wörter als in der Bedingung mit hoher Redundanz $(M(HW)_H=77.14,\ SD=83.81),\ t(45)=3,45,\ p<.01,\ d=0.91$ (Hypothese 4.1b bestätigt). Abbildung 26 zeigt die Mittelwertsunterschiede zwischen den drei Bedingungen in Studie 4 für die Variable *hinzugefügte Wörter*.

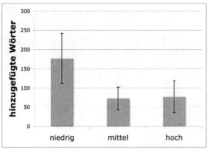

Abbildung 26: Mittelwertsunterschiede zwischen den drei Bedingungen in Studie 4 für die Variable hinzugefügte Wörter.

Qualitative Wissenskonstruktion: In der Bedingung mit mittlerer Redundanz $(M(QW)_M=3.28,\ SD=1.79)$ war die qualitative Wissenskonstruktion höher als in der Bedingung mit hoher Redundanz $(M(QW)_H=1.44,\ SD=1.45)$, $t(50)=4.08,\ p<.01,\ d=1.13$ (Hypothese 4.2a bestätigt). Und in der Bedingung mit mittlerer Redundanz $(M(QW)_M=3.28,\ SD=1.79)$ war die Wissenskonstruktion höher als in der Bedingung mit niedrigerer Redundanz $(M(QW)_N=1.04,\ SD=1.12),\ t(50)=5.45,\ p<.01,\ d=1.50$ (Hypothese 4.2b bestätigt). Abbildung 27 zeigt die Mittelwertsunterschiede zwischen den drei Bedingungen in Studie 4 für die Variable *Qualitative Wissenskonstruktion*.

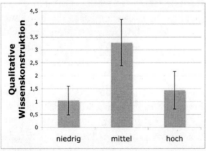

Abbildung 27: Mittelwertsunterschiede zwischen den drei Bedingungen in Studie 4 für die Variable Qualitative Wissenskonstruktion.

Internale Variablen

Faktenwissen: Entgegen der Hypothesen gab es keinen Unterschied zwischen der Bedingung mit mittlerer $(M(FW)_M=13.03,\ SD=2.32)$ und niedriger Redundanz $(M(FW)_N=13.30,\ SD=2.58)$, $t(51)=0.38$, $p>.05$ (Hypothese 4.3a nicht bestätigt). Wie erwartet wurde aber in der Bedingung mit mittlerer Redundanz $(M(FW)_M=13.03,\ SD=2.32)$ mehr Faktenwissen erworben als in der Bedingung mit hoher Redundanz $(M(FW)_H=11.52,\ SD=3.30)$, $t(53)=1.95$, $p=.03$, $d=0.52$ (Hypothese 4.3b bestätigt). Abbildung 28 zeigt die Mittelwertsunterschiede zwischen den drei Bedingungen in Studie 4 für die abhängige Variable Faktenwissen.

Konzeptwissen: Es gibt keinen signifikanten Unterschied zwischen den drei Bedingungen: $M(KW)_N=1.81$ $(SD=0.96)$ vs. $M(KW)_M=1.57$ $(SD=0.84)$, $t(51)=0.38$, $p>.05$ und $M(KW)_H=1.69$ $(SD=0.86)$ vs. $M(KW)_M=1.57$ $(SD=0.84)$, $t(53)=0.94$, $p>.05$ (Hypothese 4.4a und Hypothese 4.4b nicht bestätigt).

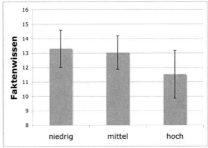

Abbildung 28: Mittelwertsunterschiede zwischen den drei Bedingungen in Studie 4 für die abhängige Variable Faktenwissen.

6.8.5 Diskussion

In Bezug auf die externale Akkommodation konnten die Hypothesen bestätigt werden. Es kann angenommen werden, dass die in dieser Studie untersuchte Redundanz ein Aspekt der Inkongruenz ist und damit die im Modell von Cress und Kimmerle (2008a) beschriebene Inkongruenz weiter differenziert. Dabei scheint allerdings weniger der kognitive Konflikt zwischen eigenem Wissen und Informationen in einem Wiki zentral zu sein, wie ihn Cress und Kimmerle (2008a) beschreiben. Vielmehr ist anzunehmen, dass in dieser Studie die Möglichkeit, Anknüpfungspunkte für das eigene Wissen im Wiki zu finden, der entscheidende Faktor war. Eine mittlere Redundanz brachte die Versuchspersonen zu einem größeren Ausmaß an externaler Akkommodation. Sie fanden Anknüpfungspunkte für das eigene Wissen und erweiterten das Wiki um neue Informationen.

In der Bedingung mit niedriger Redundanz greifen beide Erklärungsansätze. Einerseits fehlten die Anknüpfungspunkte für das eigene Wissen im Wiki, gleichzeitig lag eine hohe Inkongruenz vor, die Versuchspersonen erlebten deshalb einen geringeren kognitiven Konflikt, es ergab sich kein Bedürfnis external zu akkommodieren. Ähnlich lässt sich bei hoher Redundanz argumentieren. Da die Versuchspersonen das eigene Wissen bereits als Informationen im Wiki vorfanden, bestand eine niedrige Inkongruenz. Es entstand ein geringerer kognitiver Konflikt zwischen dem eigenen Wissen und den Informationen im Wiki, da das Wiki bereits Informationen zu den Gegenargumenten enthielt. Es bestand kein Bedarf external zu akkommodieren. Dazu kommt, dass es keine Anknüpfungspunkte im Wiki für das eigene Wissen gab: Es waren bereits alle wesentlichen Informationen enthalten, die Versuchspersonen konnten mit ihrem Wissen weniger zum Wiki beitragen als in den anderen beiden Bedingungen.

Die Anzahl der geschriebenen Wörter war in der Bedingung mit niedriger Redundanz größer als in den anderen Bedingungen. Die Versuchspersonen schrieben zwar mehr, verknüpften ihr Wissen aber weniger mit den vorhandenen Informationen als in der Bedingung mit mittlerer Inkongruenz. Die Ergebnisse für die externale Assimilation sind wie in den anderen Studien für sich alleine genommen trivial. Wenn im Wiki noch vier Argumente fehlten, schrieben die Versuchspersonen mehr als wenn bereits alle Informationen enthalten waren. Allerdings bestand kein Unterschied zwischen den Bedingungen mit mittlerer und hoher Redundanz. Offensichtlich konnten auch die Versuchspersonen in der Bedingung mit hoher Redundanz das Wiki noch mit eigenem Wissen ergänzen. Hier ist anzunehmen, dass eine längere Wiki-Phase dazu führen würde, dass ein messbarer Unterschied entstehen würde.

Die Hypothesen zu den internalen Prozessen konnten nur teilweise bestätigt werden. In Bezug auf das Faktenwissen kann argumentiert werden, dass die Manipulation nicht stark genug war. Hier zeigte sich nur ein Unterschied zwischen der Bedingung mit hoher und mittlerer Inkongruenz. Für das Konzeptwissen konnte kein Unterschied zwischen den Bedingungen gefunden werden. Die 50-minütige Wiki-Phase führte also dazu, dass möglicherweise nach der ersten Beschäftigung mit dem Wiki vorhandene Unterschiede im Konzept- und Faktenwissen (die sich durch den erlebten Konflikt ergeben) verloren gingen. Am Ende der Wiki-Phase hatten alle Versuchspersonen genügend Zeit, um sich mit den Inhalten auseinander zu setzen und Fakten- und Konzeptwissen zu erwerben.

Mit Studie 4 konnte ein bestimmter Aspekt der Inkongruenz untersucht werden: Eine Redundanz zwischen eigenem Wissen und Informationen im Wiki erlaubt es, Anknüpfungspunkte für das eigene Wissen zu finden. Das führt zu mehr externaler Assimilation und Akkommodation. Ein weiterer

Aspekt der Inkongruenz ist die Gegensätzlichkeit zwischen Informationen im Wiki und dem Wissen der Versuchspersonen. In allen Bedingungen von Studie 4 stießen die Versuchspersonen im Wiki auf vier Argumente, die gegensätzlich zu ihren eigenen Argumenten waren. Wenn die Versuchspersonen vier soziale Argumente erhalten hatten, wurden im Wiki die vier biologischen Argumente präsentiert. In dieser Studie ist also die Gegensätzlichkeit als ein Aspekt der Inkongruenz über alle Bedingungen konstant gehalten worden. In den Studien 1 bis 3 war diese Gegensätzlichkeit konfundiert mit der Inkongruenz: In der Bedingung mit mittlerer Inkongruenz waren entweder im Wiki (Studie 2 und 3) oder in den Newslettern (Studie 1) vier neue Argumente enthalten.

Für eine weitere Studie muss deshalb der Aspekt der Gegensätzlichkeit zwischen eigenem Wissen und den Informationen im Wiki getrennt von dem Aspekt der Redundanz untersucht werden. Manipuliert wird das Ausmaß an Gegensätzlichkeit zwischen dem Wissen der Versuchspersonen und den Informationen im Wiki, dabei gibt es aber keine redundanten Informationen. Gleichzeitig wird die Möglichkeit zur Internalisierung von Informationen und Externalisierung von Wissen konstant gehalten. Damit ist es möglich, den Einfluss der Gegensätzlichkeit zwischen eigenem Wissen und Informationen im Wiki, der in den Studien 1 bis 3 jeweils noch konfundiert war mit der Redundanz, getrennt zu untersuchen.

6.9 Studie 5: Manipulation der Gegensätzlichkeit

In Studie 5 wurde eine Bedingung mit hoher Gegensätzlichkeit zwischen den Informationen im Wiki und dem Wissen der Versuchspersonen mit einer Bedingung mit niedriger Gegensätzlichkeit zwischen den Informationen im Wiki und dem Wissen der Versuchspersonen verglichen. Das Versuchssetting entsprach dem der Studien 1 bis 4. Allerdings gab es in beiden Bedingungen keine redundanten Informationen. Die Informationseinheiten, welche die Versuchspersonen in den Newslettern zur Manipulation des Vorwissens erhielten, waren nicht Teil der Informationen im Wiki. Alle Informationen, welche die Versuchspersonen im Wiki lasen, waren neue Informationen. In beiden Bedingungen bestand damit eine gleiche Inkongruenz zwischen dem Wissen der Versuchspersonen und den Informationen im Wiki. In der Bedingung mit hoher Gegensätzlichkeit standen die Inhalte im Wiki im Gegensatz zum dem Wissen der Versuchspersonen. In der Bedingung mit niedriger Gegensätzlichkeit war diese Gegensätzlichkeit abgeschwächt, da jeweils zwei Argumente einer Seite (biologisch vs. sozial) im Wiki bzw. als Vorwissen der Versuchsperson vorhanden waren (Abbildung 29).

Die Möglichkeit zur Externalisierung von Wissen in das Wiki war in beiden Bedingungen gleich. Trotzdem wird erwartet, dass in der Bedingung mit hoher Gegensätzlichkeit mehr externale Akkommodation und Assimilation stattfindet. Die erlebte Gegensätzlichkeit zwischen dem eigenen Wissen und den Informationen im Wiki führt dazu, dass die Versuchspersonen mehr schreiben und gleichzeitig mehr Beziehungen zwischen den Informationen im Wiki und ihrem eigenen Wissen herstellen (externale Akkommodation). In der Bedingung mit niedriger Gegensätzlichkeit fällt es den Versuchspersonen zwar leichter, Anknüpfungspunkte für das eigene Wissen zu finden (der in Studie 4 untersuchte Aspekt der Inkongruenz), gleichzeitig ist der erlebte kognitive Konflikt allerdings niedriger als in der Bedingung mit hoher Gegensätzlichkeit. Das sollte dazu führen, dass weniger externale Akkommodation und Assimilation stattfindet. Wie in Studie 4 wird erwartet, dass in der Bedingung mit hoher Gegensätzlichkeit eine tiefere Auseinandersetzung mit den Inhalten des Wikis stattfindet, was zu mehr internaler Akkommodation und Assimilation führt als in der Bedingung mit niedriger Gegensätzlichkeit.

6.9.1 Design

Es handelt sich um ein 1x2 faktorielles Design mit Gegensätzlichkeit (niedrig vs. hoch) als Zwischensubjektfaktor. Das Versuchsmaterial basierte wieder auf 8 Argumenten zu den Ursachen der Schizophrenie, vier davon bezogen sich auf biologische Ursachen, vier davon auf soziale Ursachen. In der Bedingung mit niedriger Gegensätzlichkeit enthielt das Wiki zwei biologische und zwei soziale Argumente, die Newsletter enthielten die fehlenden zwei biologischen und zwei sozialen Argumente. In der Bedingung mit hoher Gegensätzlichkeit waren im Wiki vier biologische (bzw. soziale) Argumente enthalten, die Versuchsperson erhielten die vier gegensätzlichen sozialen (bzw. biologischen) Argumente.

Die Anzahl der Argumente, welche die Versuchspersonen vor der Wiki-Phase erhielten, war also in den beiden Bedingungen konstant (vier Argumente), genauso die Anzahl der Argumente, die im Wiki enthalten waren (vier Argumente). Um mögliche qualitative Unterschiede zwischen sozialen und biologischen Erklärungsansätzen zu kontrollieren, wurden für die Bedingung mit hoher Gegensätzlichkeit zwei Versionen erstellt bei der einmal die sozialen, einmal die biologischen Erklärungsansätze im Wiki zu finden waren. Die Auswahl der unterschiedlichen Argumente für die Bedingung mit niedriger Gegensätzlichkeit erfolgte zufällig mit der Einschränkung, dass keine Argumente redundant sind zwischen Wiki und Versuchsperson. Die Reihenfolge der Argumente im Wiki wurde zufällig variiert, dabei folgten aber immer mindestens zwei Argumente eines Erklärungsansatzes aufeinander. Abbildung 29 zeigt die beiden Bedingungen für Studie 5.

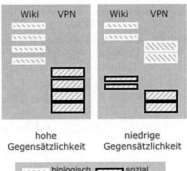

hohe   niedrige
Gegensätzlichkeit   Gegensätzlichkeit

▨▨▨ biologisch ▨▨▨ sozial

Abbildung 29: Zwei Experimentalbedingungen für Studie 5 mit unterschiedlicher Gegensätzlichkeit.

In dieser Studie werden, anders als in den vorherigen vier Studien, nur zwei Bedingungen miteinander verglichen, es ist keine Bedingung mit mittlerer Gegensätzlichkeit enthalten. Das begründet sich mir der vorhandenen Konfundierung von Gegensätzlichkeit und Redundanz. Eine Bedingung, bei der keine Gegensätzlichkeit zwischen dem Vorwissen der Versuchspersonen und den Informationen im Wiki besteht, ist nur möglich, wenn redundante Argumente verwendet werden.

6.9.2 Hypothesen

Es wird erwartet, dass die Versuchspersonen in der Bedingung mit hoher Gegensätzlichkeit mehr Wörter schreiben als in der Bedingungen mit niedriger Gegensätzlichkeit. Außerdem findet in der Bedingung mit hoher Gegensätzlichkeit mehr qualitative Wissenskonstruktion statt als in der Bedingung mit niedriger Gegensätzlichkeit.

Hypothese 5.1: $M(HW)_H > M(HW)_N$
Hypothese 5.2: $M(QW)_H > M(QW)_N$

In der Bedingung mit hoher Gegensätzlichkeit wird mehr Faktenwissen und Konzeptwissen erworben als in der Bedingung mit niedriger Gegensätzlichkeit.

Hypothese 5.3: $M(FW)_H > M(FW)_N$
Hypothese 5.4: $M(KW)_H > M(KW)_N$

6.9.3 Versuchspersonen

An der Studie nahmen 50 Versuchspersonen teil, 37 davon waren Frauen, 13 Männer. Das Durchschnittsalter betrug 24.52 Jahre (SD=3.67). Die Versuchspersonen wurden zufällig einer der beiden Experimentalbedingungen zugeordnet. 26 Versuchspersonen wurden der Bedingung mit niedriger Gegensätzlichkeit, 24 der Bedingung mit hoher Gegensätzlichkeit zugeordnet.

6.9.4 Ergebnisse

Um die einzelnen Experimentalbedingungen für jede abhängige Variable zu vergleichen, wurden t-Tests (einseitig) für unabhängige Stichproben durchgeführt.

Externale Variablen

Anzahl hinzugefügte Wörter: Der Unterschied für die Variable *hinzugefügte Wörter* war mit $M(\text{HW})_H$=198.08 (SD=113.13) vs. $M(\text{HW})_N$=146.23 (SD=111.50), $t(48)$=1.63, p=.06, d=0.46. (Hypothese 5.1) nur marginal signifikant. Allerdings fällt die hohe Standardabweichung auf, die ein Hinweis auf Ausreißer sein kann. Tatsächlich findet sich in jeder der beiden Bedingungen jeweils eine Versuchsperson, deren Wert für die Variable hinzugefügte Wörter mehr als zwei Standardabweichungen über dem Gruppenmittelwert liegt. Werden diese beiden Werte jeweils mit dem Gruppenmittelwert ersetzt, zeigen sich folgende Ergebnisse: $M(\text{HW})_H$=186.39 (SD=94.67) vs. $M(\text{HW})_N$=132.93 (SD=88.17), $t(48)$=2.06, p<.05, d=0.58. In der Bedingung mit hoher Gegensätzlichkeit schrieben die Versuchspersonen mehr Wörter als in der Bedingung mit niedriger Gegensätzlichkeit. Abbildung 30 zeigt die Mittelwertsunterschiede zwischen den beiden Bedingungen in Studie 5 für die Variable *hinzugefügte Wörter*.

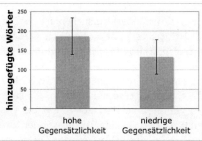

Abbildung 30: Mittelwertsunterschiede zwischen den zwei Bedingungen in Studie 5 für die Variable hinzugefügte Wörter.

Qualitative Wissenskonstruktion: In der Bedingung mit hoher Gegensätzlichkeit ($M(\text{QW})_H$=2.92, SD=2.13) war die qualitative Wissenskonstruktion höher als in der Bedingung mit niedriger Gegensätzlichkeit ($M(\text{QW})_N$=1.79, SD=1.82), $t(48)$=2.01, p<.05, d=0.57 (Hypothese 5.2). Abbildung 31 zeigt die Mittelwertsunterschiede zwischen den zwei Bedingungen in Studie 5 für die Variable *Qualitative Wissenskonstruktion*.

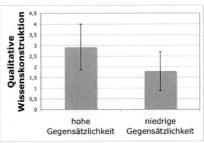

Abbildung 31. Mittelwertsunterschiede zwischen den zwei Bedingungen in Studie 5 für die Variable Qualitative Wissenskonstruktion.

Internale Variablen

Für die Variable *Faktenwissen* zeigten sich mit $M(\text{FW})_\text{H}=12.70$ ($SD=2.80$) vs. $M(\text{FW})_\text{N}=12.77$ ($SD=3.02$), $t(48)=0{,}74$, $p>.05$ keine Unterschiede zwischen den beiden Bedingungen (Hypothese 5.3 nicht bestätigt). Für die Variable *Konzeptwissen* zeigten sich mit $M(\text{KW})_\text{H}=2.17$ ($SD=1.13$) vs. $M(\text{KW})_\text{N}=1.92$ ($SD=1.12$), $t(47)=0.77$, $p>.05$ keine Unterschiede zwischen den Bedingungen (Hypothese 5.4 nicht bestätigt).

6.9.5 Diskussion

In Studie 5 wurde die Gegensätzlichkeit als ein weiterer Aspekt der Inkongruenz zwischen dem Wissen der Versuchspersonen und den Inhalten im Wiki manipuliert. Dabei gab es keine redundante Informationseinheiten. Die Hypothese zur externalen Akkommodation konnte bestätigt werden: In der Bedingung mit hoher Gegensätzlichkeit fand mehr externale Akkommodation statt als in der Bedingung mit niedriger Gegensätzlichkeit. Die hohe Gegensätzlichkeit regte die Versuchspersonen dazu an, ihr eigenes Wissen mit den Inhalten im Wiki zu verknüpfen. Dies zeigt, dass die Gegensätzlichkeit zwischen dem eigenem Wissen und den Informationen im Wiki ein zentraler Faktor der Inkongruenz ist, der erklärt, warum Versuchspersonen motiviert sind, sich mit eigenem Wissen an einem Wiki zu beteiligen. Die Gegensätzlichkeit führte dazu, dass die Versuchspersonen einen kognitiven Konflikt erleben, der zu einem höheren Ausmaß an externaler Akkommodation führte.

Auch die Hypothesen zur externalen Assimilation konnten bestätigt werden. Die hohe Gegensätzlichkeit führte dazu, dass die Versuchspersonen mehr schrieben als in der Bedingung mit niedriger Gegensätzlichkeit. Die Ergebnisse für die Variable *hinzugefügte Wörter* sind nicht, wie in der vierten Studie, auf die Unterschiede in der Möglichkeit, eigenes Wissen zu externalisieren zurückzuführen. In beiden Bedingungen waren im Wiki vier Argumente enthalten, die Versuchspersonen hatten in beiden Bedingungen genügend

Möglichkeiten, eigenes Wissen in das Wiki zu externalisieren. Sowohl die Möglichkeit zur Internalisierung als auch die Möglichkeit zur Externalisierung ist damit in beiden Bedingungen gleich. Die Unterschiede zwischen den Bedingungen sind mit der Gegensätzlichkeit zwischen Informationen im Wiki und dem Wissen der Versuchspersonen zu erklären. Die Gegensätzlichkeit als ein Aspekt der Inkongruenz führt dazu, dass Versuchspersonen mehr external assimilieren und akkommodieren.

Für die internalen Prozesse zeigten sich die Unterschiede zwischen den beiden Bedingungen nicht wie erwartet. Ein Grund könnte sein, wie bereits in Studie 3 diskutiert, dass die Lernzeit entscheidend für den Erwerb von Faktenwissen und Konzeptwissen ist. Je mehr Zeit die Versuchspersonen mit den Lerninhalten verbringen, desto mehr Wissen erwerben sie. In den Studien 1-3 waren über alle Bedingungen einer Studie hinweg insgesamt jeweils mehr Informationseinheiten zu lesen (was sich aus den zum Teil redundanten Informationen ergibt), in der Studie 5 erhielten die Versuchspersonen zunächst nur vier Newsletter und fanden dann im Wiki weitere vier Argumente vor. Die Versuchspersonen haben also weniger Informationen am Stück gelesen (4 vs. 8) und hatten insgesamt mehr Lernzeit pro Argument. Dadurch glichen sich die zunächst möglicherweise vorhandenen Unterschiede im Konzept- und Faktenwissen zwischen den Bedingungen mit hoher und niedriger Gegensätzlichkeit im Laufe des Experimentes aus. Es kann deshalb angenommen werden, dass sich die postulierten Unterschiede im Konzept- und Faktenwissen zeigen würden, wenn die Wiki-Phase von 50 Minuten verkürzt wird.

Mit Studie 5 gelang es, die Gegensätzlichkeit zwischen eigenem Wissen und den Informationen als einen Aspekt der Inkongruenz zu untersuchen. In Studie 1 bis 3 waren jeweils die Gegensätzlichkeit und die Redundanz noch konfundiert. Mit Studie 4 konnte die Redundanz untersucht werden, Studie 5 betrachtete die Gegensätzlichkeit. Auch wenn sich aus den oben diskutierten Gründen keine Unterschiede im erworbene Fakten- und Konzeptwissen zwischen den beiden Bedingungen messen ließen, sind die Ergebnisse in Bezug auf die externalen Prozesse eindeutig. Die Gegensätzlichkeit zwischen dem eigenen Wissen und den Informationen im Wiki regte die Versuchspersonen zu externaler Assimilation und Akkommodation an. Um den Zusammenhang zwischen Redundanz und Gegensätzlichkeit weiter zu untersuchen, könnte in einer weiteren Studie die Redundanz auf mittlerem Niveau gehalten werden (das heißt die Möglichkeit, Anknüpfungspunkte für eigenes Wissen im Wiki zu finden, bliebe in allen Bedingungen gleich), manipuliert würde wieder die Gegensätzlichkeit. Im Ausblick auf weitere Forschung (Abschnitt 7.4) im nächsten Kapitel wird das konkretisiert werden.

Die Ergebnisse der vierten und fünften Studie legen nahe, dass die Redundanz und die Gegensätzlichkeit in unterschiedlicher Weise internale und externale Prozesse beeinflussen. Die Differenzierung von Redundanz und Gegensätzlichkeit als Aspekte der Inkongruenz muss deshalb in einem nächsten Schritt in das Modell von Cress und Kimmerle (2008a) integriert werden. Das wird im Abschnitt 7.3 versucht.

7 Allgemeine Diskussion

In der vorliegenden Arbeit wurde individuelles Lernen und kollaborative Wissenskonstruktion auf Grundlage des Modells der Ko-Evolution (Cress & Kimmerle, 2008a) untersucht. Dabei wurden netzwerkanalytische Methoden und Laborexperimente eingesetzt, um unterschiedliche Aspekte des Modells zu untersuchen.

Die durchgeführte Netzwerkanalyse zeigte am Beispiel der Online-Enzyklopädie Wikipedia die Evolution des Artikelnetzwerks um den Artikel über die Ursachen der Schizophrenie. Die zunächst getrennten Cluster, die biologische bzw. soziale Aspekte thematisieren, wuchsen über die Zeit zu einem integrativen Cluster zusammen. Wiki-Seiten, die einem psychoanalytischen Erklärungsmodell zugeordnet werden können, bleiben als eigenständige Cluster bestehen. Die Entwicklung der Autoren-Community zeigte einen ähnlichen Verlauf. Autoren, die zunächst nur an Seiten gearbeitet hatten, die einem biologischen oder einem sozialen Erklärungsansatz zugeordnet werden können, arbeiteten nach einiger Zeit auch an integrativen Artikeln mit. Der Vergleich der beiden Analyse-Ebenen erbringt Evidenz für die postulierte Ko-Evolution.

Die Laborexperimente untersuchten den Einfluss der Inkongruenz zwischen dem Wissen einer Versuchsperson und den Inhalten in einem Wiki. Als abhängige Variablen wurden externale Akkommodation (1), externale Assimilation (2), internale Akkommodation (3) und internale Assimilation (4) erhoben.

(1) In Bezug auf die externale Akkommodation (qualitative Wissenskonstruktion) sind die Annahmen des Modells in allen fünf Studien bestätigt worden. Eine mittlere Inkongruenz bzw. mittlere Redundanz zwischen dem Vorwissen der Versuchspersonen und den Informationen im Wiki führte zur mehr qualitativer Wissenskonstruktion als eine hohe und niedrige Inkongruenz. Eine hohe Gegensätzlichkeit führte zu mehr qualitativer Wissenskonstruktion

(2) Der Prozess der externalen Assimilation (hinzugefügte Wörter) hängt ab von der Vollständigkeit des Wikis und der damit verbundenen Möglichkeit für die Versuchspersonen, Wörter zum Wiki hinzuzufügen. Wenn das Wiki bereits vollständig war, schrieben die Versuchspersonen weniger als wenn noch ein Teil der Argumente fehlte.

(3) Für die internale Akkommodation (Erwerb von Konzeptwissen) ließen sich die Hypothesen für Studie 1 und 3 bestätigen: Eine mittlerer Inkongruenz führte zu mehr Konzeptwissen als eine niedrige und hohe Inkongruenz. In Studie 2 führte das Fehlen der Lernphase dazu, dass die Manipulation des Vorwissens nur teilweise erfolgreich war.

(4) In Studie 4 und 5 zeigten sich keine Unterschiede zwischen den drei (bzw. zwei) Bedingungen für die internale Akkommodation.

(5) Die internale Assimilation (Faktenwissen) hängt von der Operationalisierung der Inkongruenz ab. Wenn die Versuchspersonen wie in Studie 1 gleiches Vorwissen vor der Wiki-Phase hatten, führte eine mittlere Inkongruenz zwischen Vorwissen und Informationen zu mehr internaler Assimilation als eine niedrige oder hohe Inkongruenz. Das ist ein eindeutiger Indikator dafür, dass die Inkongruenz Einfluss auf individuelle Lernprozesse hat, da die Menge des verfügbaren Wissen jeweils in allen Bedingungen konstant war und nur die Vollständigkeit des Wikis variiert wurde. Wurde die Inkongruenz variiert, indem die Versuchspersonen unterschiedlich viele Newsletter zu Beginn der Studie erhielten (Studie 2), zeigte sich dieser Effekt nicht mehr. Die Versuchspersonen erwarben mehr Faktenwissen, um so mehr Newsletter sie erhielten. Mit der Einführung einer Lernphase vor der eigentlichen Wiki-Phase, wurde dieser Effekt noch deutlicher (Studie 3). Wurde die Redundanz als ein Aspekt der Inkongruenz (Studie 4) variiert, zeigten sich die Unterschiede im Faktenwissen nicht wie postuliert. Auch wenn die Menge des Vorwissens über alle drei Bedingungen konstant gehalten wurde, erwarben die Versuchspersonen in der Bedingung mit hoher Redundanz mehr Faktenwissen. Hier kann argumentiert werden, dass die Versuchspersonen in der Bedingung mit hoher Redundanz eine Bestätigung für ihr eigenes Vorwissen fanden, was im Gegensatz zur Bedingungen mit niedriger Redundanz zu einer Vertiefung des eigenen Wissens führte. Eine Verknüpfung von eigenem Wissen mit den Informationen im Wiki fand nicht statt, was sich in den fehlenden Unterschieden im Konzeptwissen zeigte. Wurde der Aspekt der Gegensätzlichkeit manipuliert (Studie 5), zeigten sich ebenfalls keine Unterschiede im erworbenen Faktenwissen.

Zentral ist also die Betrachtung der beiden Aspekte Redundanz und Gegensätzlichkeit von Informationen und Wissen. Ein Vergleich der Ergebnisse von Studie 1 (hohe vs. mittlere vs. niedrige Inkongruenz) und Studie 5 (hohe vs. niedrige Gegensätzlichkeit) bestätigt, diese zwei Aspekte der Inkongruenz anzunehmen. Die Redundanz von Informationen und Wissen (in Studie 1 bestand in der Bedingung mit mittlerer Inkongruenz gleichzeitig eine mittlere Redundanz) führt zu einer Abschwächung oder Verstärkung von Wissen. Finden die Versuchspersonen im Wiki ihnen bereits bekannte Informationen vor, werden diese verstärkt. Fehlen im Wiki Informationen, werden die entsprechenden Argumente im Vorwissen abgeschwächt. Werden dabei alle Informationen verstärkt (Bedingung mit niedriger Inkongruenz in Studie 1) oder alle Informationen abgeschwächt (Bedingung mit hoher Inkongruenz in Studie 1), führt das zu einem niedrigen kognitiven Konflikt. Ein hoher kognitiver Konflikt, der die Versuchspersonen zu einer idealen Verarbeitung der Inhalte anregt, entsteht, wenn ein Teil der Informationen verstärkt, ein anderer abgeschwächt wird (Bedingung mit mittlerer Inkongruenz in Studie 1). Dadurch wird eine tiefere Beschäftigung mit den Inhalten notwendig, am Ende der Studie ist ein höheres Fakten- und Konzeptwissen zu messen. Dies zeigt sich auch, wenn die Bedingungen mit hoher und mittlerer Redundanz aus Studie 4 verglichen werden. Hier lässt sich mehr Faktenwissen in der Bedingung mit mittlerer Redundanz messen. Dieses ideale Ausmaß an Verstärkung und Abschwächung von Informationen führt zu mehr internaler Assimilation. Die Gegensätzlichkeit von eigenem Wissen und Informationen im Wiki hat dagegen weniger Einfluss auf die internalen Prozesse. Wird wie in Studie 5 die Gegensätzlichkeit manipuliert und werden dabei keine redundanten Informationen verwendet, ist kein Unterschied in den internalen Prozessen zu messen.

Weiter kann argumentiert werden, dass die Höhe der mittleren Inkongruenz für externale und internale Prozesse unterschiedlich ist. Der durch die hohe Gegensätzlichkeit in Studie 5 erzeugte kognitive Konflikt scheint zu einem hohem Ausmaß an externaler Assimilation und Akkommodation zu führen. Die Unterschiede zwischen den beiden Bedingungen scheinen dagegen nicht auszureichen, um Auswirkungen auf internale Prozesse zu messen, da es sich in beiden Bedingungen um eine vergleichbare Inkongruenz (im Bezug auf internale Prozesse) handelt. Die externalen Prozesse scheinen also sensibler zu sein für Unterschiede in der Gegensätzlichkeit als die internalen Prozesse, deshalb zeigen sich in Studie 5 keine Unterschiede zwischen den Bedingungen.

Ein weiterer Aspekt ist die Widersprüchlichkeit von Informationen im Wiki und dem eigenem Wissen. Diese ergibt sich in Studie 5 aus der fehlenden Redundanz und muss von der Gegensätzlichkeit abgegrenzt werden. Bei der Bedingung mit mittlerer Inkongruenz in Studie 1 liegt eine höhere Gegensätzlichkeit vor (welche zu mehr Faktenwissen und Konzeptwissen führt) als in den Bedingungen mit hoher und niedriger Inkongruenz, gleichzeitig widersprechen sich die Informationen nicht. In Studie 5 dagegen widersprechen sich die Informationen im Wiki und das eigene Wissen. Diese Widersprüchlichkeit beeinflusst die externalen Prozesse nicht. Hier lässt sich wie postuliert mehr externale Assimilation und Akkommodation in der Bedingung mit hoher Gegensätzlichkeit messen als in der Bedingung mit niedriger Gegensätzlichkeit. Bei den internalen Prozessen kann aber angenommen werden, dass die Widersprüchlichkeit andere Prozesse überlagert. Es wird davon ausgegangen, dass in der Bedingung mit hoher Gegensätzlichkeit ein kognitiver

Konflikt erlebt wird, der zu mehr Erwerb von Konzept- und Faktenwissen führt als in der Bedingung mit niedriger Gegensätzlichkeit. Die Widersprüchlichkeit zwischen eigenem Wissen und Informationen im Wiki regt die Versuchspersonen aber in beiden Bedingungen zu einer intensiveren Beschäftigung mit den Inhalten im Wiki und den eigenen Newslettern an. Es sind deshalb keine Unterschiede zwischen den Bedingungen messbar. Das kann auch die fehlenden Mittelwertsunterschiede in Studie 4 bei den Variablen, die internale Prozesse messen, in den Bedingungen mit niedriger Redundanz (hohe Widersprüchlichkeit) und mittlerer Redundanz (mittlere Widersprüchlichkeit) erklären.

Dieses Problem wird verstärkt durch die methodische Schwierigkeit, dass es sich bei den Newslettern, die die Versuchspersonen zur Manipulation des Vorwissens erhalten, auch um externale Wissensartefakte handelt. Die Versuchspersonen müssen abwägen, ob die Inhalte des Wikis oder die erhaltenen Newsletter verlässlicher sind. Dadurch wird die Widersprüchlichkeit der Informationen verstärkt und die Versuchspersonen werden zu einer tieferen Verarbeitung der Lerninhalte angeregt. Die daraus resultierenden methodischen Konsequenzen für weitere Studien werden im Abschnitt 7.1 diskutiert.

Um die vorgestellten Ergebnisse bewerten zu können, wird im Folgenden zunächst eine mögliche methodische Weiterentwicklung beschrieben. Dann werden die beide empirischen Ansätze (Netzwerkanalyse und Laborexperimente) im Kapitel 7.2 integriert. Im Kapitel 7.3 wird eine theoretische Weiterentwicklung des Modells von Cress und Kimmerle (2008a) vorgeschlagen. Den Abschluss des Kapitels bildet ein Ausblick auf zukünftige Forschungsarbeiten.

7.1 Methodische Weiterentwicklung des Experimentes

In den Studien 1 bis 3 wurde der Aspekt der Inkongruenz zwischen Informationen im Wiki und dem Vorwissen der Versuchspersonen untersucht und dabei ein Vorteil für eine mittlere Inkongruenz nachgewiesen. Der Vergleich von Studie 1 mit den Studien 2 und 3 ist dabei im Bezug auf die Unterschiede zwischen Externalisierung und Internalisierung relevant. Die Studien 4 und 5 zielen darauf ab, die Aspekte Redundanz und Gegensätzlichkeit getrennt voneinander zu untersuchen. In einem ersten Schritt kann die Manipulation unterschiedlicher Aspekte der Inkongruenz, die Operationalisierung der vier abhängigen Variablen und die Gestaltung der Versuchsumgebung als gelungen bezeichnet werden. Wesentliche Annahmen des Modells konnten bestätigt, die Ko-Evolution als zentrale Annahme in Verbindung mit der Netzwerkanalyse nachgewiesen werden. Im Folgenden werden dennoch Vorschläge für die methodische Weiterentwicklung des Experimentes gemacht.

7.1.1 Differenzierung der Inkongruenz

Neben der genannten experimentellen Trennung der Aspekte Redundanz und Gegensätzlichkeit, wie das in Studie 4 für die Redundanz und Studie 5 für die Gegensätzlichkeit erfolgt ist, ist eine weitere Differenzierung der Inkongruenz notwendig. Die in den Studien 1 bis 3 verwendete Operationalisierung der niedrigen und hohen Inkongruenz ist jeweils für die Bedingungen problematisch, in denen entweder die Wiki-Seite über die Ursachen der Schizophrenie keinerlei Inhalte enthält oder die Versuchspersonen kein Vorwissen erhalten. Dieses Vorgehen ist für die ersten Experimente experimentallogisch sinnvoll, für weitere Studien muss die Manipulation der Inkongruenz weiter differenziert wird. Für zuknüftige Experimente bietet es sich an, z.b. zwei Bedingungen mit jeweils hoher Gegensätzlichkeit aber unterschiedlicher Redundanz zu vergleichen. Weiter könnte die Inkongruenz nicht nur über die Gegensätzlichkeit bzw. Redundanz der Argumente manipuliert werden, sondern auch über die Gewichtung („Zentrales Argumente ist ...“ vs. „Umstritten ist, ob ...“) der Argumente innerhalb der Wikis. Außerdem könnte unterschieden werden, ob sich Argumente tatsächlich widersprechen, oder lediglich unterschiedliche Ansätze nennen, die sich integrieren ließen.

7.1.2 Messung des kognitiven Konflikts

Es muss eine Messung des postulierten kognitiven Konflikts entwickelt werden. Das Modell der Ko-Evolution geht davon aus, dass Lernen immer die Folge eines erlebten kognitiven Konflikts zwischen eigenem Wissen und Informationen aus der Umwelt ist. In den Experimenten wird dieser Konflikt zwar als Resultat einer mittleren Inkongruenz und damit als Ursache für die beobachteten Lernprozesse angenommen, aber nicht explizit gemessen. Eine brauchbare Möglichkeit ist die Messung mit Hilfe subjektiver Skalen, welche die Wahrnehmung eines Widerspruchs erfragen („Teile des Wiki widersprachen meinem Wissen") oder dessen subjektive Bewertung („Es ärgert mich, dass falsche Inhalte im Wiki standen"). Aus dem Bereich der sozialpsychologischen Forschung zu Gruppenkonflikten sind Messverfahren bekannt, die adaptiert werden können. So unterscheidet z.B. die *Intragroup Conflict Scale* (Jehn, 1994; Pearson, Ensley, & Amason, 2002; Shah & Jehn, 1993) beziehungsbezogene und aufgabenbezogene Konflikte. Der aufgabenbezogenen Teil eines Gruppenkonflikts ist dabei dem erlebten kognitiven Konflikt zwischen eigenem Wissen und Informationen aus der Umwelt ähnlich.

Für eine gültige Messung des Konzepts des kognitiven Konflikts ist aber eine weitere theoretische Fundierung notwendig. In diesem Zusammenhang kann die Theorie der kognitiven Dissonanz (Festinger, 1954, 1957) hilfreich sein. Das Konzept der kognitiven Dissonanz bezieht sich auf das emotionale Erleben, das auftritt, wenn Menschen Verhalten zeigen, das im

Gegensatz zur eigenen Einstellung steht, und passt deshalb nur eingeschränkt auf wissensbezogene Prozesse. Der emotionale Zustand, der beim Erleben von kognitiver Dissonanz angenommen wird, kann aber mit dem bei Piaget (Piaget, 1970) und im Modell von Cress und Kimmerle (2008a) angenommenen kognitiven Konflikt verglichen werden: Er zwingt das Individuum zur Änderung des Verhaltens (entspricht kollaborativer Wissenskonstruktion) oder zur Änderung der Einstellung (entspricht individuellem Lernen). Auch wenn in empirischen Arbeiten zur kognitiven Dissonanz immer wieder versucht wurde, kognitive Dissonanz zu messen (z.b. (Sweeney & Hausknecht, 2000), wird sie im überwiegenden Teil der Studien lediglich manipuliert (für einen Überblick siehe z.B. Cooper & Fazio, 1984). Grund dafür ist, dass die kognitive Dissonanz per Definition entsteht, wenn Einstellung und Verhalten sich widersprechen (was eine Messung überflüssig macht) und außerdem die Messung der Dissonanz unmittelbaren Einfluss auf deren Erleben hätte. Das zeigt, dass die Forderung, den kognitiven Konflikt zu messen, einerseits methodisch nicht unproblematisch ist, andererseits auch theoretisch diskutiert werden muss.

7.1.3 Manipulation des Vorwissens

Es ist zu fragen, inwiefern es wirklich gelungen ist, Vorwissen zu manipulieren. Bei den Newslettern handelt es sich, wie bei dem eigentlichen Wiki-Text auch, um external repräsentiertes Wissen. Da davon ausgegangen wird (und das bestätigen die Angaben der Versuchspersonen), dass das Vorwissen der Versuchspersonen über die Ursachen der Schizophrenie niedrig ist, kann durch die zeitlich früher liegende Auseinandersetzung mit den Newslettern die erfolgreiche Manipulation des Vorwissens begründet werden. Trotzdem ist zu diskutieren, ob die theoretischen Annahmen des Modells nicht eine Manipulation des Vorwissens mit einer expliziten Lernphase nahe legen würden. Daraus würde folgen, dass die Versuchspersonen nach einer Lernphase am Wiki arbeiten, ohne Zugriff auf die Newsletter zu haben und außerdem bereits vor der Wiki-Phase einen ersten Wissenstest bearbeiten, um dann in einem Prä/Post-Vergleich eine Veränderung des Wissens zu messen.

Aus zwei Gründen wurde für die vorliegende Studie von dieser Umsetzung abgesehen. Zum einen ist es ökologisch valide, wenn die Versuchspersonen während der Arbeit mit dem Wiki auf externe Quellen zurückgreifen können. Zum anderen steht informelles Lernen im Fokus des Interesses. Es wird davon ausgegangen, dass die postulierten Lernprozesse beiläufig stattfinden, Personen also auch dann individuelles Wissen erwerben und sich an der kollaborativen Konstruktion von Wissen beteiligen, wenn das gar nicht ihr primäres Ziel ist. Den Versuchspersonen wurde deshalb zu Beginn nicht gesagt, dass es sich um ein Lernexperiment handelt. Vielmehr wurde ihnen als

Ziel der Studie die Verbesserung und Weiterentwicklung des Wikis genannt. Ein Wissenstest würde die Versuchspersonen, die im Rahmen ihres Studiums oder als Teilnehmer einer Mailingliste schon Erfahrung mit der Teilnahme an psychologischen Experimenten haben, sofort auf den eigentlichen Zweck der Studie stoßen.

Für weitere Forschungsarbeiten muss dieses Problem gelöst werden. Es bieten sich zwei Strategien an. Entweder werden echte Experten als Versuchspersonen eingesetzt werden, die bereits ein hohes Wissen in einem bestimmten Wissensgebiet haben. Dann kann das Vorwissen bereits einige Tage vorab z.B. bei der Terminvereinbarung gemessen werden, um den eigentlichen Zweck der Studie für die Teilnehmer zu verschleiern. Zum anderen könnte eine künstliche Wissensdomäne entwickelt werden und eine zeitliche festgelegte Lernphase vor der eigentlichen Wiki-Phase eingeführt werden. Werden statt der Instruktion „sich einen Überblick zu verschaffen", wie in den durchgeführten Studien, Lerntechniken eingesetzt, die eine tiefere Elaboration der Inhalte fördern kann die erfolgreiche Manipulation des Vorwissens sichergestellt werden, auch ohne das Vorwissen explizit zu messen. Denkbar ist zum Beispiel die Verwendung von Lernskripten wie *SQ3R* (Robinson, 1970) oder von *Mindmapping*-Methoden (Buzan, 2006; Farrand, Hussain, & Hennessy, 2002).

7.1.4 Messung von Prozessen

Das Modell von Cress und Kimmerle (2008a) beschreibt die Akkommodation und Assimiliation als Lern*prozesse*. In den experimentellen Studien wurde aber das Ergebnis dieser Prozesse als Fakten- und Konzeptwissen bzw. als Anzahl der hinzugefügten Wörter und qualitative Wissenskonstruktion gemessen. Da sich Prozesse der Internalisierung und Externalisierung im Sinne der Ko-Evolution gegenseitig beeinflussen, ist aber eine Untersuchung der Lernprozesse über die Zeit hinweg anzustreben. Dann sind weitergehende Aussagen über die wechselseitige Beeinflussung möglich. So könnte z.B. angenommen werden, dass zuerst interne Assimiliation notwendig ist, bevor externale Akkommodation stattfindet. Individuen müssen zunächst grundlegendes Faktenwissen erworben haben (interne Assimilation), auf dessen Basis sie dann den Text strukturell verändern können (externale Akkommodation).

In einem ersten Schritt sollte deshalb nicht nur die erste und letzte Version des Wikis einer Versuchsperson, sondern auch die weiteren Versionen innerhalb der 50-minütigen Wiki-Phase analysiert werden. Dazu müssen zu festen Zeitpunkten während der Wiki-Phase, oder nach einer bestimmten Anzahl an Veränderungen (z.B. gemessen über die Byteanzahl oder Textlänge) die Veränderungen gegenüber der vorherigen Version gemessen werden. Zentrales Problem ist hier, eine Vergleichbarkeit der einzelnen Versuchspersonen zu gewährleisten. Dieses Problem kann gelöst werden, wenn die Entwicklung eines Wiki-Textes über einen längeren Zeitraum untersucht wird. Dann ist nicht mehr, wie in den vorgestellten Experimenten, die einzelne Versuchsperson zentrale Analyseeinheit, sondern unterschiedliche Wiki-Texte (an denen mehrere Personen gearbeitet haben).

Auch in Bezug auf die internalen Prozesse ist eine Messung im Zeitverlauf interessant. Hier bieten sich z.b. Verfahren an, die *Concept Maps* nutzen, um das Wissen einer Person zu messen und die Entwicklung über die Zeit zu analysieren (Schaal, Bogner, & Girwidz, 2009). Die künstlich begrenzten Informationseinheiten, die in dieser Studie verwendet wurden, reichen aber nicht aus, um diese Verfahren reliabel einzusetzen. Dazu ist eine umfangreichere Wissensdomäne notwendig und eine längere Zeitdauer, über die der Wissensfortschritt gemessen werden kann.

7.1.5 Reduktion auf den eigentlichen Wikitext

Als weiteres Problem kann die Beschränkung der Analyse auf den eigentlichen Wikitext diskutiert werden. In der Wirklichkeit findet die Wissenskommunikation auch außerhalb des Wiki-Textes statt z.b. auf den Diskussionsseiten eines Wiki-Artikels oder auf persönlichen Benutzerseiten der Wiki-Autoren. Das Modell von Cress und Kimmerle (2008a) nimmt ebenfalls eine Einschränkung vor und blendet Kommunikation aus, die außerhalb des Wiki-Textes stattfindet. Deshalb ist die in der Netzwerkanalyse und in den experimentellen Studien gewählte Methode theoretisch gerechtfertigt. Trotzdem sind Prozesse interessant, die außerhalb des Wiki-Textes stattfinden, da sie z.B. Einfluss auf die Korrektheit einer Angabe haben oder weil eine hohe Inkongruenz z.B. dazu führt, dass Wiki-Autoren zunächst keine Änderungen am Text vornehmen, sondern auf der zugehörigen Diskussionsseite Kritik anbringen. In weiteren Studien sollte deshalb die Ausweitung der Untersuchung auf die Kommunikation außerhalb der eigentlichen Wiki-Seite diskutiert werden.

7.1.6 Gültigkeit der Operationalisierung

Diskutiert werden muss auch die Operationalisierung der Konzepte Akkommodation und Assimilation. Für die internalen Prozesse können die Unterscheidung von Fakten- und Konzeptwissen und die damit verbundenen Messmethoden als psychologisch etabliert gelten. Es ist aber zu diskutieren, ob damit die Konzepte der Assimilation und Akkommodation im Sinne Piagets gültig operationalisiert sind. Es kann argumentiert werden, dass auch Konzeptwissen assimilativ erworben werden kann. Das ist z.B. der Fall, wenn Versuchspersonen bereits aus einer anderen Lerndomäne ein dem Diathese-Stress-Modell entsprechendes Konzept für den Zusammenhang zweier Variablen mental repräsentiert haben. Dann wird das Konzept der genetischen

Vulnerabilität, die bei zusätzlichem psychosozialen Stress zum Ausbruch einer Erkrankung führt, durch Assimilition erworben. Die Weiterentwicklung der Operationalisierung hängt aber auch von einer theoretischen Weiterentwicklung des Modells der Ko-Evolution ab. Diese wird im Abschnitt 7.3 diskutiert werden.

7.1.7 Weiterentwicklung der Netzwerkanalyse

Auch die vorgestellte Netzwerkanalyse kann methodisch weiter entwickelt werden, insbesondere mit dem Ziel, Methoden der Netzwerkanalyse und der Inferenzstatistik zu kombinieren. Das wird unter dem Aspekt der Integration der empirischen Arbeiten im nächsten Kapitel diskutiert. Außerdem müssen in einem nächsten Schritt Artefaktnetzwerk und die Entwicklung der Autoren (Kimmerle, Moskaliuk, Cress & Harrer, im Druck) gleichzeitig analysiert werden. Eine Möglichkeit ist hier die Analyse von Co-Autoren-Netzwerken (Biuk-Aghai, 2006). Dabei wird die Beziehung der Autoren eines Wikis über die gemeinsame Arbeit an einem Artikel definiert und diese Ko-Autorenschaft als Definition für eine Beziehung zwischen zwei oder mehreren Autoren verwendet. Das dadurch entstehende bimodale Netzwerk berücksichtigt sowohl Autoren als auch die einzelnen Wiki-Artikel sowie deren Verbindungen untereinander. Damit ist eine gleichzeitige Betrachtung der Entwicklung des Artefaktnetzwerkes und der Autorencommunity in einem Netzwerk möglich.

Neben der Weiterentwicklung beider Methoden, der verwendeten Netzwerkanalyse und der Laborexperimente, ist die Kombination quantitativer und qualitativer Forschungsmethoden unbedingt notwendig (siehe Kapitel 4.2). Im folgenden Abschnitt werden deshalb die Ergebnisse der beiden empirischen Arbeiten integriert und ein Vorschlag für die Kombination beider Methoden diskutiert.

7.2 Integration der empirischen Arbeiten

In dieser Arbeit wurden quantitative und qualitative Forschungsmethoden angewendet, um individuelles Lernen und kollaborative Wissenskonstruktion zu untersuchen. Im Kapitel 5 wurde am Beispiel der Online-Enzyklopädie Wikipedia versucht, Prozesse der Ko-Evolution empirisch zu analysieren; im Kapitel 6 wurden experimentelle Laborstudien vorgestellt. Während die vorgestellte Netzwerkanalyse Prozesse in einem echten Netzwerk beschreibt und über die Zeit hinweg analysiert, ist es mit Hilfe der Laborexperimente möglich, Aussagen über Bedingungen und Ursachen für individuelle Lernprozesse und kollaborative Wissenskonstruktion zu machen. Es greift zu kurz, lediglich Vor- und Nachteile der beiden Ansätze zu benennen, sowie ökologische Validität und Praxisrelevanz der einzelnen Ergebnisse zu diskutieren. Vielmehr geht es darum, die Ergebnisse beider Methoden zu einem Gesamtverständnis von individuellem Lernen und kollaborativer Wissenskonstruktion zu integrieren. Das wird im Folgenden versucht. Beide hier vorgestellten empirischen Arbeiten bauen auf der Unterscheidung zwischen zwei Systemen auf. Untersucht werden Prozesse der Internalisierung von Informationen aus dem Wiki und der Externalisierung von Wissen in das Wiki. Damit stehen die beiden beteiligten Systeme, das kognitive System eines Nutzers und das soziale System Wiki im Fokus des Interesses und werden mit beiden Methoden gleichzeitig betrachtet. Aufbauend auf den Ansätzen Luhmanns und dem Modell von Cress und Kimmerle (2008a) wird davon ausgegangen, dass Lernen und Wissenskonstruktion an der Grenze zwischen den Systemen stattfindet, was eine gleichzeitige Betrachtung der beiden beteiligten Systeme notwendig macht.

Die Netzwerkanalyse des Artefaktnetzwerkes (also des sozialen Systems Wiki) zeigt eine zunehmende Verschmelzung des biologischen und sozialen Clusters zu einem integrierten Cluster über die Zeit hinweg. Dem entspricht in den experimentellen Studien die abhängige Variable qualitative Wissenskonstruktion. Beide Messmethoden erlauben Rückschlüsse auf die Entwicklung des sozialen Systems, die durch die beteiligten kognitiven Systeme der Nutzer beeinflusst wird. In den Experimenten werden Veränderungen eines einzelnen Nutzers am Wiki gemessen, die mit Hilfe der Netzwerkanalyse aggregiert zu sehen sind. Die Netzwerkanalyse beschreibt dabei die Entwicklung auf einer Makroebene, während die Experimente Ursachen für diese Entwicklung auf Mikroebene untersuchen, nämlich die Inkongruenz bzw. den erlebten kognitiven Konflikt als Auslöser für Prozesse der Externalisierung, also der kollaborativen Wissenskonstruktion. Die Kollektivierung des Wissens des Individuums wird sowohl aus dem Blickpunkt der Community (Netzwerkanalyse) als auch aus dem Blickpunkt eines Individuums (Laborexperimente) untersucht. Beiden Blickpunkten gemeinsam ist die gleichzeitige Betrachtung von Individuum und sozialem System.

Ebenfalls analysiert wird mit Hilfe netzwerkanalytischer Methoden die Entwicklung der Autoren des Wikis über die Zeit hinweg. Grundlagen der Analyse sind die Beteilung der Autoren an Artikeln, die sich einer Argumentationsrichtung zuordnen lassen und die Entwicklung dieser Beteiligung über die Zeit hinweg. Aus dem Verhalten der Autoren werden Rückschlüsse auf deren kognitive Systeme gezogen. Die abhängigen Variablen, die Fakten- und Konzeptwissen messen, entsprechen diesem Aspekt. Die Analyse der Autoren auf Netzwerkebene beschreibt das Verhalten der Autoren im Netzwerk, mit den Laborexperimenten sind Rückschlüsse auf daraus resultierende Lernprozesse (Internalisierung) möglich. Auch hier gilt also, dass beide Methoden Rückschlüsse auf das Wissen eines Nutzers zulassen, einmal auf Grundlage seines Verhaltens innerhalb des Netzwerkes, einmal durch eine Messung des Lernerfolgs.

Eine Annahme des Modells von Cress und Kimmerle (2008a) lautet, dass das Ausmaß des kognitiven Konflikts die Ko-Evolution beeinflusst. Die Netzwerkanalyse beschreibt dabei die ähnliche Entwicklung des Artefaktnetzwerks und der einzelnen Autoren (Ko-Evolution), die experimentellen Studien liefern Hinweise darauf, dass die Inkongruenz zwischen dem Wissen der Autoren und den Inhalten im Wiki Ursache für diese Ko-Evolution sein kann. Diese Schlussfolgerung kann nicht aus den experimentellen Studien alleine gezogen werden, sondern nur durch die Integration beider Methoden. Die Experimente im Labor zeigen die Auswirkungen der Inkongruenz auf individueller Ebene, die Netzwerkanalyse skaliert diese Auswirkungen auf die Ebene der Community. Das Individuum beeinflusst also die Community und die Community beeinflusst das einzelne Individuum.

Die zu Beginn der Arbeit an die Beschreibung und Untersuchung von Prozessen des individuellen Lernens und der kollaborativen Wissenskonstruktion mit Wikis gestellten Anforderungen können in einem ersten Schritt als erfüllt betrachtet werden. Die Integration der beiden Methoden

(1) erlaubt eine gleichzeitige Betrachtung von Individuum und Community als relevante Analyseeinheiten.

(2) misst sowohl individuellen Lernerfolg als auch eine Veränderung innerhalb der Community.

(3) betrachtet das geteilte digitale Artefakt als zentrale Schnittstelle für die Austauschprozesse zwischen Individuum und Community.

Eine methodische Vielfalt, die laborexperimentelle Forschung und die Beschreibung von Einzelfällen im Feld kombiniert, erweist sich als fruchtbarer Ansatz, um individuelles Lernen und kollaborative Wissenskonstruktion zu untersuchen. Für die methodische Weiterentwicklung liegt es deshalb aus psychologischer Sicht nahe, die Methoden der Netzwerkanalyse mit experimentellen Methoden noch stärker zu verknüpfen. In dieser Arbeit wurden beide Methoden getrennt voneinander eingesetzt. Ziel könnte es sein, diese in einer Studie zu kombinieren. Dabei besteht das grundlegende methodische Problem, dass die üblicherweise verwendeten varianzanalytischen Verfahren auf der Unabhängigkeit der einzelnen Akteure beruhen. Die Methode der Netzwerkanalyse nimmt dagegen explizit die Abhängigkeit der Akteure an. Während als abhängige Variablen in den vorliegenden Laborstudien Attribute bzw. Eigenschaften einzelner Individuen (z.B. die Lernleistung in einem Wissenstest) gemessen werden, betrachtet die Netzwerkanalyse Positionen im Netzwerk (z.B. die Rolle als boundary spanner zwischen zwei Clustern). Diese scheinbare Unvereinbarkeit der beiden Methoden kann auf zweierlei

Weise gelöst werden: Zum einen könnte die Netzwerkanalyse als Methode eingesetzt werden, um Daten zu analysieren, die innerhalb eines Laborexperimentes erhoben wurden. Statt den unechten Gruppen, wie sie in den in dieser Arbeit berichteten Experimenten verwendet wurden, können echte Gruppen verwendet werden, die gemeinsam an einem Wiki arbeiten. Die Verteilung von Wissen zwischen den Versuchspersonen einer Gruppe kann in unterschiedlichen Bedingungen manipuliert werden, z.b. indem in einer Gruppe zwischen den Gruppenmitgliedern geteilte Informationen vorhanden sind (was einer niedrigen Inkongruenz entspricht) und in einer anderen Gruppe lediglich ungeteilte Informationen (was einer hohen Inkongruenz entspricht). Als abhängige Variablen könnten dann neben dem individuellem Wissenserwerb (wie in den vorgestellten experimentellen Studien) auch der Wissenserwerb der gesamten Gruppe erhoben und das gemeinsam erstellte Wiki mit Hilfe netzwerkanalytischer Methoden analysiert werden. Damit ist die Analyseeinheit nicht mehr das Individuum, sondern die Kleingruppe, auf dieser Ebene sind dann (auch mit Maßzahlen der Netzwerkanalyse) wieder varianzanalytische Auswertungen möglich.

Eine weitere Möglichkeit wäre, die Netzwerkanalyse mit einem quasi-experimentellen Vorgehen im Feld zu verbinden. Statt einzelne Gruppen in unterschiedlichen Bedingungen im Labor zu vergleichen, könnten vorhandene Wikis oder Teilbereiche von Wikis mit Hilfe der Netzwerkanalyse miteinander verglichen werden. Als unabhängige Variable können Eigenschaften von Wikis oder Teil-Wikis (z.B. Dichte oder Zentralisierung) bzw. der beteiligten Autoren genutzt (z.B. freiwillige Teilnahme vs. Teilnahme im Rahmen organisationaler Anforderungen) und als abhängige Variablen Unterschiede zwischen den resultierenden Netzwerkstrukturen gemessen werden. Bei einer genügend großen Anzahl von untersuchten Wikis bzw. Teilwikis ist dann wiederum eine inferenzstatistische Auswertung möglich. Statt die Netzwerkanalyse also als neues Paradigma der Sozialwissenschaften zu postulieren (Stegbauer, 2009) scheint eine Verknüpfung unterschiedlicher Methoden und Forschungstraditionen sinnvoller. Damit wird es möglich, die postulierten Auswirkungen eines Web 2.0 auf den Umgang mit Wissen und Informationen nicht nur theoretisch fundiert zu beschreiben, sondern auch empirisch zu untersuchen.

7.3 Theoretische Weiterentwicklung des Modells

Neben einer methodischen Weiterwicklung und einer Integration der beiden verwendeten Forschungsmethoden müssen auch theoretische Implikationen diskutiert werden. Im Folgenden werden deshalb fünf Aspekte präsentiert, bei denen sich auf Grundlage der empirischen Arbeiten, die in Kapitel 5 und 6 vorgestellt wurden, eine theoretische Weiterentwicklung des Modells ergibt.

7.3.1 Konzept der Akkommodation

Das Modell von Cress und Kimmerle (2008a) baut für die Beschreibung der relevanten kognitiven Prozesse auf den Annahmen Piagets (1970) auf und unterscheidet Akkommodation und Assimilation. Für die durchgeführten empirischen Arbeiten bestand das Problem, nicht auf etablierte Paradigmen und Operationalisierung zurückgreifen zu können. Ingesamt ist es dennoch gelungen, sowohl mit Hilfe der Netzwerkanalyse (indem die Entwicklung der Autoren und die Entwicklung des Artefaktnetzwerks analysiert wurden) als auch in den Experimenten Prozesse der Akkommodation zu untersuchen. Offene Fragen können nicht mehr rein empirisch beantwortet werden, sondern bedürfen einer theoretischen Fundierung. Hier liegt es nahe, die umfangreiche Forschung zur *Schema Theory* (z.B. (Eckblad, 1981; McVee, Dunsmore, & Gavelek, 2005; Rumelhart & Ortony, 1977)), zum Erwerb und zur Weiterentwicklung kognitiver Schemata (z.B. (Gick & Holyoak, 1983)) und den Konsequenzen für die Gestaltung von Lehr-Lernszenarien (Sweller, van Merrienboer, & Paas, 1998) zu Rate zu ziehen. Ziel ist es, die von Piaget postulierten Prozesse kognitionspsychologisch zu fundieren. Damit sollte es möglich werden, zum einen den Prozess des Erwerbs neuer Schemata auf Basis vorhandenen Wissens genauer zu beschreiben, zum anderen die Unterscheidung von Akkommodation und Assimilation zu spezifizieren.

Rumelhart und Norman (1978) schlagen die Unterscheidung von *Accretion, Tuning* und *Restructring* als zentrale Lernmodi vor. Der Prozess Accretion entspricht dabei dem von Piaget beschriebenen Prozess der Assimilation: Neue Informationen aus der Umwelt werden auf Basis vorhandener Schemata verstanden. Beim Tuning erfolgt eine Anpassung der Schemata an neue Informationen, z.B. durch die Anpassung der Generalisierbarkeit, indem die Bandbreite möglicher Werte für eine einzelne Variable vergrößert wird. Im Sinne Piagets handelt es sich hier nicht mehr um eine bloße Assimilation, da vorhandene Schemata aufgrund der neuen Informationen aus der Umwelt verändert werden. Der Prozess des Restructuring entspricht dem Prozess der Akkommodation. Ein vorhandenes Schema wird auf Grund der neuen Informationen neu geordnet. Dabei unterscheiden die Autoren eine Pattern-basierte Restrukturierung, bei der ein vorhandenes Schema kopiert und lediglich teilweise spezifiziert oder angepasst wird. Eine induktive Restrukturierung meint dagegen die komplette Neuordnung von Schemata durch Teilung bzw. Zusammenfügung einzelner Teilaspekte oder ein Rückschluss von Einzelbeobachtungen auf zugrunde liegende Schemata.

Auf Grundlage dieser Unterscheidung von Rumelhart und Norman ist es möglich, die Prozesse der Akkommodation und Assimilation genauer zu beschreiben und darauf aufbauend eine passende Operationalisierung zu erarbeiten. Das gilt insbesondere für die Variable Konzeptwissen. Auch Konzeptwissen kann assimilativ erworben werden, nämlich dann, wenn die in einem bereits vorhandenen Konzept enthaltenen freien Variablen mit neuen Werten gefüllt werden und das dadurch entstandene Konzept als neues Schema gespeichert wird. Im Sinne der Schematheorie handelt es sich dann um eine Instanz eines bereits vorhandenen Schemas, was einer Assimilation entsprechen würde. In einem nächsten Schritt müssen die internalen Prozesse wieder auf das soziale System übertragen werden. Dann wird es möglich, auch Prozesse der Wissenskonstruktion, also der externalen Assimilation und Akkommodation genauer zu untersuchen.

7.3.2 Wirkung von hoher und niedriger Inkongruenz

Das Modell von Cress und Kimmerle (2008a) unterscheidet verschiedene Wirkmechanismen für die niedrige und die hohe Inkongruenz. Bei der hohen Inkongruenz fehlen Anknüpfungspunkte für das eigene Wissen oder die Lerner bemerken gar nicht, dass eigenes Wissen und Informationen im Wiki sich auf dieselbe Wissensdomäne beziehen. Bei der niedrigen Inkongruenz dagegen verhindern motivationale Prozesse, dass Lerner aktiv werden: Die geringe Inkongruenz zwischen dem eigenem Wissen und den Informationen im Wiki hält Individuen davon ab, sich aktiv zu beteiligen.

Werden Prozesse der Externalisierung und Internalisierung voneinander unterschieden, was durch einen Vergleich der Studie 1 mit den Studien 2 und 3 möglich ist, zeigt sich, dass für die Messung des individuellen Lernens das Vorwissen eine zentrale Rolle einnimmt. Bei Versuchspersonen mit hohem Vorwissen vor der Wiki-Phase lässt sich am Ende mehr individuelles Lernen messen. Neben methodischen Problemen bei der Messung (die bereits im Abschnitt 7.1.4 diskutiert wurden) folgt daraus eine theoretische Trennung der Aspekte Internalisierung und Externalisierung. Es kann angenommen werden, dass die Externalisierung von Wissen stärker durch motivationale Prozesse beeinflusst wird, die Internalisierung stärker von kognitiven Prozessen.

7.3.3 Übertragung kognitiver Prozesse auf das soziale System

Die zunächst angenomme Entsprechung von internalen und externalen Prozessen muss also diskutiert werden. Das Modell von Cress und Kimmerle (2008a) überträgt die Ansätze Piagets (1970), die sich zunächst auf kognitive Prozesse beziehen auf das soziale System und postuliert eine konzeptuelle Entsprechung. Die Autoren nehmen an, dass bei einer mittleren Inkongruenz sowohl mehr Wissenskonstruktion (externale Akkommodation und Assimilation) als auch mehr individuelles Lernen (internale Akkommodation und Assimilation) stattfindet.

Die Analyse des Artefaktnetzwerks und der Wiki-Autoren sowie die Ergebnisse aus Studie 1 bestätigen diese Annahme zunächst. Wird, wie in Studie 2 und 3, die Möglichkeit zu Externalisierung manipuliert (das Wissen bleibt in diesen beiden Studien zwischen den Bedingungen konstant und damit die Möglichkeit Wissen zu internalisieren), zeigt sich aber der für die quantitative Wissenskonstruktion vom Modell der Ko-Evolution postulierte umgekehrt u-förmige Zusammenhang nicht. Das erklärt sich zum einen mit der Operationalisierung der Inkongruenz (das wurde bereits in Abschnitt 6.7.5 diskutiert). Im Zusammenhang mit den Ergebnissen der vierten und fünften Studie wirft das aber auch die Frage auf, ob eine hohe Inkongruenz zwar Einfluss auf die kollaborative Wissenskonstruktion hat, in Bezug auf individuelles Lernen aber von Faktoren wie der Vollständigkeit und Aufbereitung des Lernmaterials, der Lerndauer und Motivation der Lernenden beeinflusst wird. Insbesondere für das Faktenwissen zeigt sich in Studie 2 und 3, dass das Ausmaß des Vorwissens hier größeren Einfluss auf den Erwerb von Faktenwissen hat als die optimale Inkongruenz zwischen Vorwissen der Lernenden und den Informationen im Wiki. Auch die Studien 4 und 5 stützen diese Argumentation. Werden Redundanz und Gegensätzlichkeit getrennt voneinander untersucht, zeigen sich die Auswirkungen auf die externalen Prozesse wie postuliert, die internalen Prozesse scheinen von weiteren Aspekten beeinflusst zu sein (das wurde bereits in Abschnitt 6.9.5 diskutiert).

7.3.4 Aspekte der Inkongruenz

Ein Vergleich der beiden Studien 4 und 5 legt nahe, dass zwar sowohl die Redundanz als auch die Gegensätzlichkeit als Teilaspekte der Inkongruenz wichtig sind. Für die Redundanz zeigt sich die postulierte Überlegenheit der mittleren Redundanz für die externalen Prozesse (Studie 4). Die Bedeutung der Gegensätzlichkeit als Aspekt der Inkongruenz zeigt sich in Studie 5. In der Bedingung mit hoher Gegensätzlichkeit findet mehr Wissenskonstruktion statt als in der Bedingung mit niedriger Gegensätzlichkeit. Gleichzeitig fehlen die postulierten Unterschiede im Fakten- und Konzeptwissen, was zum einen mit den diskutierten Schwächen der Methode erklärbar ist, aber auch die Frage aufwirft, ob die Hypothese des Einflusses der Inkongruenz auf individuelles Lernen uneingeschränkt aufrechterhalten werden kann.

Wie bereits oben diskutiert wurde, kann eine Unterscheidung der internalen und externalen Prozesse auch für die Unterscheidung motivationaler und kognitiver Einflussfaktoren bei unterschiedlichen Ausprägungen der Inkongruenz sinnvoll sein. So könnte postuliert werden, dass eine hohe Inkongruenz starke Auswirkungen auf die Motivation von Lernern hat. Sie führt dazu, dass sich Lerner aktiv an einem Wiki beteiligen und Inhalte ändern und ergänzen. Das fördert eine tiefere Auseinandersetzung mit dem Lernstoff, was dann wiederum ein höheres Ausmaß an individuellem Lernen zur Folge hat. Bei einer niedrigen Inkongruenz ist die Motivation dagegen niedriger, gleichzeitig legt die Ähnlichkeit von eigenem Wissen und Informationen im Wiki (Aspekt der Redundanz) nahe, die Inhalte zu verknüpfen. Der Vorteil dieser Bedingung für individuelle Lernprozesse wird allerdings durch die hohe Motivation der Lernenden in der Bedingung mit hoher Inkongruenz wieder ausgeglichen. Wird dieser Aspekt, wie in Studie 4, getrennt vom Aspekt der Gegensätzlichkeit untersucht, zeigt sich in der Summe kein Unterschied für die individuellen Lernprozesse.

Bei Studie 1 bis 3 kann argumentiert werden, dass bei einer mittleren Inkongruenz sowohl die Redundanz, als auch die Gegensätzlichkeit auf einem idealen Niveau liegen, sich also gegenseitig verstärken. Das führt zu den erwarteten Ergebnissen. Bei den Studien 4 und 5 führen dagegen in der Bedingung mit mittlerer Redundanz bzw. hoher Gegensätzlichkeit zwar motivationale Faktoren zu einer aktiven Beteiligung, was sich durch mehr Wissenskonstruktion messen lässt, die kognitiven Vorteile der Bedingung mit niedriger Redundanz (Studie 4) bzw. niedriger Gegensätzlichkeit (Studie 5) gleichen den Vorteil aber in Bezug auf die individuellen Lernprozesse wieder aus.

7.3.5 Wirkung der Inkongruenz

Aus einem Vergleich der Studie 1 mit den Studien 2 und 3 folgt außerdem, unterschiedlichen Wirkmechanismen für Prozesse der Assimilation und Akkommodation anzunehmen. Während sich für die akkommodativen Prozesse eine mittlere Inkongruenz als förderlich erweist, hat auf die assimilativen Prozesse wiederum die konkrete Operationalisierung erheblichen Einfluss. Die Anzahl der geschriebenen Wörter als Indikator für externale Assimilation sowie die Möglichkeit, neues Faktenwissen zu erwerben, hängt nicht nur von der erlebten Inkongruenz ab, sondern auch von der Möglichkeit zur Externalisierung oder Internalisierung. Wie oben bereits diskutiert wurde, kann deshalb eine Erweiterung des Modells um weitere Einflussvariablen hilfreich sein.

Es liegt nahe, nicht das Ergebnis eines Lernprozesses als Akkommodation oder Assimilation zu unterscheiden, sondern die eigentlichen Prozesse der Konstruktion von der Reproduktion von Wissen zu trennen. Die Reproduktion von Wissen meint, bekannte Fakten und Konzepte anwenden zu können. Die Konstruktion von Wissen beschreibt die Neuentwicklung innovativen Wissens. Die Reproduktion von Wissen (sowohl als Wissenskonstruktion als auch als individuelles Lernen) bedeutet, dass bereits vorhandenes Wissen externalisiert wird bzw. vorhandene Informationen internalisiert werden, ohne dass eine Veränderung der Schemata vorgenommen wird. Wenn also in den beschriebenen Laborexperimenten eine externale Akkommodation als eine Umstrukturierung des Wiki-Textes gemessen wird, ist nicht unterscheidbar, ob es sich um Ergebnisse einer Reproduktion (also z.B. der Externalisierung eines bereits mental vorhandenen Konzepts) oder einer Konstruktion handelt (also dass Wissen während des Prozesses der Externalisierung erst konstruiert wurde). Gleiches gilt für die Messung des Konzeptwissens. Es nicht klar, ob es sich um die Konstruktion von Wissen handelt (aus widersprüchlichen Sichtweisen muss eine integrative Argumentation konstruiert werden) oder um eine Reproduktion von bereits als Information im Wiki vorhandenen Konzepten oder gar von bereits mental vorhandenem Wissen (z.B. aus einem anderen Themenbereich). Die diskutierte theoretische Trennung von Prozessen des Lernens und der Wissenskonstruktion einerseits und dem Ergebnis dieser Prozesse andererseits ist dabei also keineswegs nur eine methodische Frage (Abschnitt 4.2.3), sondern hat auch Auswirkungen auf die Theorie der Ko-Evolution.

Die postulierte grundsätzliche Überlegenheit einer mittleren Inkongruenz für individuelles Lernen und kollaborative Wissenskonstruktion ist also in Frage zu stellen. Wenn es darum geht, möglichst effektiv und schnell neues Fakten- und Konzeptwissen zu erlernen, kann es sinnvoll sein, einen optimal aufbereiteten Text zu lesen, der die wichtigsten Punkte kurz und bündig zusammenfasst. Wenn es dagegen um echte Innovationen geht, kann der noch unvollständige Text eines Wikis den Lerner zu eine tieferen Auseinandersetzung mit den Inhalten anregen.

Aus den vorgestellten empirischen Arbeiten lassen sich also, neben einer Verifizierung einzelner Aspekte des Ko-Evolutionsmodells, Vorschläge für die theoretische Weiterentwicklung generieren. Eine überarbeitete Version des Modells der Ko-Evolution muss auf Basis der vorgestellten empirischen Arbeiten folgende Gegensätze genauer fassen:

(1) Akkommodation als Weiterentwicklung (tuning) vorhandener Schmeta vs. Akkommodation als Restrukturierung (restructring).
(2) Motivationale Prozesse (bei niedriger Inkongruenz) vs. kognitive Prozesse (bei hoher Inkongruenz).
(3) Externalisierung vs. Internalisierung.
(4) Redundanz vs. Gegensätzlichkeit.
(5) Wirkung der Inkongruenz auf Akkommodation vs. Wirkung der Inkongruenz auf Assimilation.

Als weitere Ergänzung müssen personale Einflussfaktoren in das Modell integriert werden. Das Modell von Cress und Kimmerle (2008a) geht davon aus, dass die persönliche Involviertheit Einfluss auf die Steilheit der umgekehrt u-förmigen Beziehung zwischen der Inkongruenz und dem resultierenden Wissenserwerb hat. Bei einer hohen persönlichen Involviertheit ist der kognitive Konflikt, den ein Individuum erlebt höher als bei einer niedrigen

Involviertheit. Wenn die Inhalte des Wikis für die Rezipienten von großer Bedeutung sind, weil sie z.b. Informationen über die Behandlungsmöglichkeiten für betroffene Angehörige enthalten, dann werden im Wiki enthaltene falsche oder widersprüchliche Informationen beim Autor des Wikis vermutlich einen stärkeren kognitiven Konflikt auslösen, als wenn es sich lediglich um die Zusammenfassung eines weniger wichtigen Lehrbuchtextes handelt. Außerdem sind eine Vielzahl sozialer Einflussfaktoren denkbar, wie z.b. der Status der anderen Wiki-Autoren (z.b. ausgewiesene Experten vs. Studierende im 1.Semester), die wahrgenommene Heterogenität der Autorencommunity, die antizipierte Öffentlichkeit des Wiki oder die Anonymität der Beteiligung.

Aus den diskutierten Möglichkeiten zur methodischen und empirischen Weiterentwicklung ergibt sich eine Vielzahl weiterer relevanter Fragestellungen. Im folgenden Abschnitt wird deshalb ein kurzer Ausblick auf weitere Forschungsarbeiten gegeben.

7.4 Ausblick auf weitere Forschungsarbeiten

Aus den im vorherigen Kapitel diskutierten Aspekten lassen sich Fragestellungen ableiten, die in weiteren Forschungsarbeiten untersucht werden können. Analog zu den fünf im vorherigen Kapitel diskutierten Aspekten ergeben sich folgende Herausforderungen:

(1) Entwicklung von Messverfahren für die Prozesse Accretion, Tuning und Restructuring als Spezifierung von Akkommodation und Assimilation.

(2) Unterscheidung von kognitiven und motivationalen Prozessen und deren Auswirkung auf Prozesse der Internalisierung und Externalisierung.

(3) Getrennte Betrachtung von Prozessen der Externalisierung und Internalisierung.

(4) Weitere Analyse des Aspekte Redundanz und Gegensätzlichkeit und deren Auswirkungen auf Lernprozesse.

(5) Untersuchung des Zusammenhangs zwischen Reproduktion und Konstruktion von Wissen.

Darüber hinaus gibt es zahlreiche soziale und personale Einflussfaktoren, die relevant für individuelles Lernen und kollaborative Wissenskonstruktion sind und in weiteren Forschungsarbeiten berücksichtigt werden sollten. Zunächst sind soziale Einflussfaktoren zu nennen, die bereits in der Forschung zum computerbasierten Informationsaustausch diskutiert werden, z.B. soziale Normen, die soziale und personale Identität, die Abwägung von Kosten und Nutzen der Beteiligung, die Rolle sozialer Beziehungen sowie die Bedeutung der Reputation und der Wunsch nach Selbstdarstellung (vgl. Kimmerle, Wodzicki, Cress, 2008; Kimmerle, 2008; Moskaliuk & Kimmerle, 2009a). Diese Aspekte gehen weit über die kognitionspsychologische Fragestellung dieser

Arbeit hinaus, müssen aber für ein umfassendes Verständnis von individuellem Lernen und kollaborativer Wissenskonstruktion untersucht werden. Auch das Ziel des Wikis und die Zielgruppe, welche die Inhalte rezipiert, sind relevante Faktoren. Unter dem Schlagwort *Audience Design* (Bell, 1984) wurde dieser Aspekt für klassische Medien wie Zeitungen (Jucker, 1992; O'Donnell & Todd, 1991) oder Radiosender (Bell, 1982) untersucht. Der Produzent eines Textes berücksichtigt immer auch seine potenziellen Rezipienten und passt sich in Sprache und Wortwahl, Komplexität und Argumentationsstruktur an seine Leser an. Diese Frage ist auch in Bezug auf Wikis relevant und gleichzeitig verstärkt. Zum einen liegt in vielen Fällen sowohl eine heterogenen Zielgruppe als auch eine heterogenen Autorengruppe vor, die sich gleichzeitig ständig verändert. Das Schreiben eines Textes für eine bestimmte Lesergruppe ist nicht in allen Fällen problemlos möglich, was sich auch in einer sehr hohen Varianz der Qualität, Vollständigkeit und des Sprachstils einzelner Seiten eines Wikis zeigt (Brändle, 2005). Zum anderen findet, anders als in der Redaktion einer etablierten Zeitung, in einer Wikicommunity ein ständiger Aushandlungsprozess statt, z.B. über die Detailliertheit eines Wiki-Eintrages, über die Aufnahme eines Beitrags in das Wiki oder die Verlinkung auf Quellen. Durch die Möglichkeit für die Leser eines Wikis, in diesen Prozess einzugreifen und sich selbst als Autor an einem Wiki zu beteiligen, wird der Prozess des Audience Design zu einem sozialen Prozess im ständigen Austausch zwischen Produzenten und Konsumenten. Für weitere Forschungsarbeiten bietet sich an, den Einfluss unterschiedlicher sozialer Faktoren, wie der Heterogenität der Autoren oder Rezipienten, den Grad der von anderen vorgegebenen Struktur des Wikis oder den Einfluss organisationaler Hierarchien auf die kollaborative Wissenskonstruktion zu untersuchen. In einem weiteren Schritt interessieren die daraus resultierenden individuellen Lernprozesse. Weitere soziale Aspekte wie die Wahrnehmung der Expertise der anderen Nutzer des Wikis, die Sympathie anderen Nutzern gegenüber, das Ausmaß der Anonymität oder die Wahrnehmung der eigenen Wichtigkeit für eine Community können ebenfalls in zukünftiger Forschung untersucht werden.

Zahlreiche personale Einflussfaktoren wie das Interesse an einer Lerndomäne oder die Medienkompetenz eines Lernenden scheinen zunächst für nahezu alle (computerbasierten) Lernszenarien relevant. Andere sind dagegen beim Einsatz von Wikis verstärkt. So erfordert die kollaborative Wissenskonstruktion die aktive Beteiligung an der Arbeit am Wiki und das Verändern der Inhalte, die andere Lernende beigesteuert haben. Hier kann z.B. ein Einfluss des *akademischen Selbstkonzeptes* untersucht werden, das eigenes Können in Bezug zu der Leistung anderer Lernenden setzt (Marsh, 1986). Individuen mit einem niedrigen akademischen Selbstkonzept in einem Fach, auf das sich die Inhalte eines Wikis beziehen, werden sich vermutlich weniger stark beteiligen als Individuen mit einem hohen akademischen Selbstkonzept. Der positive Zusammenhang zwischen Selbstkonzept und schulischer Leistung (Hansford & Hattie, 1982) kann in Kombination mit der Unterscheidung von Akkommodation und Assimilation spezifiziert werden.

Auch Persönlichkeitseigenschaften wie *epistemologische Überzeugungen* (Schommer, 1990) als Annahme über die Eigenschaft von Wissen oder *Need for Cognition* (Cacioppo & Petty, 1982) als Bedürfnis von Individuen, sich intensiv und gerne mit Inhalten auseinanderzusetzen, können relevante Einflussfaktoren sein. Anders als Lehrbücher oder Lerninhalte, die von einzelnen Experten erstellt wurden, sind die Inhalte von Wikis oft widersprüchlich und nicht immer ideal aufbereitet. Der Lernende ist gefordert, sich mit den Inhalten auseinanderzusetzen und richtige bzw. glaubwürdige Inhalte zu identifizieren. Außerdem muss er sich mit der Tatsache auseinandersetzen, dass das es in vielen Fällen kein eindeutiges „richtig" oder „falsch" gibt, sondern mehrere Sichtweisen nebeneinander stehen bleiben müssen. Die hier vorgestellten personalen Einflussfaktoren gehen jedoch weit über die Fragestellung dieser Arbeit hinaus und werden deshalb nicht weiter ausgeführt.

7.5 Übertragung auf andere Werkzeuge im Web 2.0

Die Fragestellung, die in der vorliegenden Arbeit am Beispiel der Technologie Wiki untersucht wurde, lässt sich auf andere Werkzeuge im Web 2.0 übertragen. Immer dann, wenn das kollektive Wissen nicht in statischer Form, z.B. als Buch oder unveränderbare Webseite, vorliegt, können Austauschprozesse zwischen Systemen stattfinden. Das lässt sich am Beispiel eines Blogs verdeutlichen: Der Beitrag eines einzelnen Autors ist nicht losgelöst von anderen Beiträgen im Netz, sondern verweist durch Hyperlinks direkt (indem der Schreiber des Blogs einen Link setzt) oder indirekt (indem Suchmaschinen oder Aggregatoren Beiträge zu ähnlichen Themen anzeigen) auf andere Blogs in der Blogosphäre. Damit findet bereits ein Austausch zwischen Systemen statt: Ein einzelner Blogger wird beeinflusst von den Inhalten in anderen Blogs. Durch die Möglichkeit, Blogbeiträge zu kommentieren wird diese Austauschmöglichkeit weiter unterstützt. Leser des Blogs können so in Komuninikation mit dem Autor eines Blogs treten, dadurch manifestiert sich ein soziales System. Dieses Beispiel zeigt das Potenzial des Ko-Evolutionsmodells für die Beschreibung und Untersuchung von Lernen und Wissenskonstruktion im Web 2.0. Neben der theoretischen Ausdifferenzierung des Modells (Kapitel 7.3) besteht deshalb eine weitere Aufgabe zukünftiger Forschungsarbeiten darin, das Modell allgemeingültig für Web 2.0-basierten Wissensaustausch zu formulieren, ohne die Einschränkung auf Wikis vorzunehmen (vgl. Kimmerle, Cress, & Held, im Druck).

7.6 Fazit

In dieser Arbeit wurde individuelles Lernen und kollaborative Wissenskonstruktion im Web 2.0 am Beispiel der Technologie Wiki untersucht. Vorgestellt wurde das Prinzip Wiki und Eigenschaften von Wikis, die Lernprozesse unterstützen können. Diese wurden in den folgenden Kapiteln in einen theoretischen Rahmen eingebettet und es wurde auf Basis systemtheoretischer und konstruktivistischer Theorien ein Rahmenmodell von Cress und Kimmerle (2008a) beschrieben. Mit der Betrachtung von individuellem und kollektiven Wissen (repräsentiert durch die Informationen in einem Wiki) wurden zwei unterschiedliche Analyseperspektiven integriert und Austauschprozesse zwischen zwei Systemen beschrieben. Die theoretischen Annahmen wurden mit der Methode der Netzwerkanalyse und in fünf experimentellen Studien untersucht. Auf Grundlage der empirischen Arbeiten wurden Vorschläge für die methodische und theoretische Weiterentwicklung gegeben und ein Ausblick auf zukünftige Forschungsarbeiten versucht.

Die vorliegende Arbeit versucht, einerseits zu einem Verständnis von Lernprozessen im Web 2.0, andererseits zur Weiterentwicklung und Differenzierung vorhandener Theorien und Modelle beizutragen. Sie integriert soziologische und psychologische Theorien, quantitative und qualitative Methoden, beschreibende und inferenzstatistische Verfahren und ermutigt, die begonnenen Forschungsarbeiten fortzusetzen.

8 Literatur

Alby, T. (2008). *Web 2.0: Konzepte, Anwendungen, Technologien.* München: Hanser Verlag.

Anderson, J. R. (1983). *The architecture of cognition.* Cambridge: Harvard University Press.

Anderson, J. R. (1993). Problem solving and learning. *American Psychologist, 48,* 35-35.

Arazy, O., Morgan, W., & Patterson, R. (2006). Wisdom of the crowds: decentralized knowledge construction in Wikipedia. In *16th Annual Workshop on Information Technologies & Systems (WITS) Paper.*

Aronson, E., & Patnoe, S. (1997). *The jigsaw classroom: Building cooperation in the classroom.* New York: Longman.

Baddeley, A. D. (1992). Working memory. *Science, 255,* 556-559.

Baddeley, A. D. (1986). *Working memory.* New York: Oxford University Press.

Barab, S., & Squire, K. (2004). Design-based research: putting a stake in the ground. *Journal of the Learning Sciences, 13*(1), 1-14.

Barabasi, A. L., Albert, R., & Jeong, H. (2000). Scale-free characteristics of random networks: the topology of the world-wide web. *Physica A: Statistical Mechanics and its Applications, 281*(1-4), 69-77.

Barnes, C. (2007). The adventures of Miranda in the brave new world: learning in a Web 2.0 millennium. *ALT-J, 15*(3), 189-200.

Bartlett, F. C. (1932). *Remembering.* Cambridge: Cambridge University Press.

Bell, A. (1984). Language style as audience design. *Language in Society, 13*(2), 145-204.

Bell, A. (1982). Radio: The style of news language. *The Journal of Communication, 32*(1), 150-164.

Bellomi, F., & Bonato, R. (2005). Network analysis for Wikipedia. In *Proceedings of Wikimania 2005.*

Benner, G. (2007). Kundengewinnung und -bindung im Web 2.0. In B. Hass, G. Walsh, & T. Kilian (Hrsg.), *Web 2.0* (S. 173-190). Heidelberg: Springer.

Bereiter, C. (2002). *Education and mind in the knowledge age.* Mahwah: Lawrence Erlbaum Associates.

Berlyne, D. E. (1960). *Conflict, arousal, and curiosity.* New York: McGraw-Hill.

Berners-Lee, T., Hendler, J., & Lassila, O. (2001). The semantic web. *Scientific American, 284*(5), 34-43.

Birdsall, W. F. (2007). Web 2.0 as a social movement. *Webology, 4*(2). Abgerufen von http://www.webology.ir/2007/v4n2/a40.html

Biuk-Aghai, R. P. (2006). Visualizing co-authorship networks in online Wikipedia. *Proceedings of the International Symposium on Communication and Information Technologies*, 737-742.

Bold, M. (2006). Use of wikis in graduate course work. *Journal of Interactive Learning Research*, *17*(1), 5-14.

Brandes, U., Kenis, P., Lerner, J., & Raaij, D. V. (2009). Network analysis of collaboration structure in Wikipedia. In *Proceeding of the 18th International World Wide Web Conference.*

Brandes, U., & Lerner, J. (2008). Visual analysis of controversy in user-generated encyclopedias. *Information Visualization*, *7*(1), 34-48.

Brändle, A. (2005). Too many cooks don't spoil the broth. In *Proceedings of Wikimania 2005,*

Brown, A. H., Green, T. D., & Robinson, L. A. K. (2007). *Making the most of the web in your classroom: A teacher's guide to blogs, podcasts, wikis, pages, and sites.* Thousand Oaks: Corwin Press.

Buzan, T. (2006). *Mind map book.* New Jersey: Pearson Education.

Buzinkay, M. (2007). Im Reich der Auskunfts-Avatare: Bibliotheksarbeit in der virtuellen Parallelgesellschaft "Second Life". *Buch und Bibliothek*, *59*(2), 107-110.

Cacioppo, J. T., & Petty, R. E. (1982). The need for cognition. *Journal of Personality and Social Psychology*, *42*(1), 116-131.

Chi, M., Bassok, M., Lewis, M., Reimann, P., & Glaser, R. (1989). Self-explanations: How students study and use examples in learning to solve problems. *Cognitive science*, *13*(2), 145-182.

Clark, A. (1997). *Being there: putting brain, body, and world together again.* Cambridge: MIT Press.

Clark, W., Logan, K., Luckin, R., Mee, A., & Oliver, M. (2009). Beyond Web 2.0: mapping the technology landscapes of young learners. *Journal of Computer Assisted Learning*, *25*(1), 56-69.

Cole, M. (2009). Using wiki technology to support student engagement: lessons from the trenches. *Computers & Education*, *52*(1), 141-146.

Cole, M., & Engeström, Y. (1993). A cultural-historical approach to distributed cognition. In G. Salomon (Hrsg.), *Distributed cognitions: Psychological and educational considerations* (S. 1-46). New York: Cambridge University Press.

Cooper, J., & Fazio, R. H. (1984). A new look at dissonance theory. *Advances in Experimental Social Psychology*, *17*, 229-266.

Craik, F. I. M., & Lockhart, R. S. (1972). Levels of processing: a framework for memory research. *Journal of Verbal Learning and Verbal Behavior*, *11*(6), 671-684.

Cress, U. (2006). *Effektiver Einsatz von Datenbanken im betrieblichen Wissensmanagement*. Bern: Verlag Hans Huber.

Cress, U. (2005). Ambivalent effect of member portraits in virtual groups. *Journal of Computer-Assisted Learning, 21*(5), 281-291.

Cress, U., Barquero, B., Buder, J., & Hesse, F. (2005). Social dilemma in knowledge communication via shared databases. In R. Bromme, F. Hesse, & H. Spada (Hrsg.), *Barriers and biases in computer-mediated knowledge communication: and how they may be overcome* (S. 143-167). Berlin: Springer.

Cress, U., Barquero, B., Schwan, S., & Hesse, F. W. (2007). Improving quality and quantity of contributions: two models for promoting knowledge exchange with shared databases. *Computers & Education, 49*(2), 423-440.

Cress, U., & Kimmerle, J. (2007). A theoretical framework of collaborative knowledge building with wikis: a systemic and cognitive perspective. In C. Chinn, G. Erkens, & S. Puntambekar (Hrsg.), *Proceedings of the 7th Computer Supported Collaborative Learning Conference.* (S. 153-161). New Brunswick: International Society of the Learning Sciences, Inc.

Cress, U., & Kimmerle, J. (2008a). A systemic and cognitive view on collaborative knowledge building with wikis. *International Journal of Computer-Supported Collaborative Learning, 3*(2), 105-122.

Cress, U., & Kimmerle, J. (2008b). Endowment heterogeneity and identifiability in the information-exchange dilemma. *Computers in Human Behavior, 24*(3), 862-874.

Cress, U., & Kimmerle, J. (2007). Guidelines and feedback in information exchange: the impact of behavioral anchors and descriptive norms in a social dilemma. *Group Dymnamics: Theory, Research, and Practice, 11*(1), 42-53.

Cress, U., Kimmerle, J., & Hesse, F. W. (2006). Information exchange with shared databases as a social dilemma: The effect of metaknowledge, bonus systems, and costs. *Communication Research, 33*(5), 370-390.

Kimmerle, J., Cress, U., Held, C., & Moskaliuk, J. (2009). *Social software and knowledge building: supporting co-evolution of individual and collective knowledge.* Manuskript eingereicht zur Veröffentlichung.

Danowski, P., & Heller, L. (2006). Bibliothek 2.0: Die Zukunft der Bibliothek? *Bibliotheksdienst, 40*(11), 1259-1271.

Darwin, C. (1859). *On the origin of species.* London: John Murray. Abgerufen von http://darwin-online.org.uk/.

Davison, G. C., Neale, J. M., & Hautzinger, M. (2007). *Klinische Psychologie: ein Lehrbuch.* Weinheim: BeltzPVU.

Dawes, R. M. (1980). Social dilemmas. *Annual review of psychology, 31*(1), 169-193.

Dawes, R. M., & Messick, D. (2000). Social Dilemmas. *International Journal of Psychology*, *35*(2), 111-116.

De Nooy, W., Mrvar, A., & Batagelj, V. (2004). *Exploratory social network analysis with Pajek*. New York: Cambridge University Press.

Dillenbourg, P. (1999). What do you mean by collaborative learning. In P. Dillenbourg (Hrsg.), *Collaborative learning: cognitive and computational approaches* (S. 1-19). Oxford: Elsevier.

Dwyer, P. (2007). Building trust with corporate blogs. In *International Conference on Weblogs and Social Media, Boulder, Colorado, USA* Abgerufen von http://www. icwsm. org/papers/paper1.html

Eckblad, G. (1981). *Scheme theory: a conceptual framework for cognitive-motivational processes*. London: Academic Press.

Engeström, Y. (1987). *Learning by expanding: an activity-theoretical approach to developmental research*. Helsinki: Orienta-Konsultit Oy.

Engeström, Y. (1990). *Learning, working and imagining: twelve studies in activity theory*. Helsinki: Orienta Konsultit Oy.

Engeström, Y. (2001). Expansive learning at work: toward an activity theoretical reconceptualization. *Journal of education and work*, *14*(1), 133-156.

Engeström, Y. (1993). Developmental studies of work as a test bench of activity theory: the case of primary care medical practice. In S. Chaiklin & J. Lave (Hrsg.), *Understanding practice: Perspectives on activity and context* (S. 63-104). Cambridge: Cambridge University Press.

Engeström, Y., Engeström, R., & Saarelma, O. (1988). Computerized medical records, production pressure and compartmentalization in the work activity of health center physicians. In *Proceedings of the 1988 ACM conference on Computer-supported cooperative work* (S. 65-84). New York: ACM.

Eysenck, M., & Keane, M. (2005). *Cognitive psychology*. London: Taylor & Francis.

Farrand, P., Hussain, F., & Hennessy, E. (2002). The efficacy of the „mind map" study technique. *Medical Education*, *36*(5), 426-431.

Festinger, L. (1954). A theory of social comparison processes. *Human relations*, *7*(2), 117-140.

Festinger, L. (1957). *A theory of cognitive dissonance*. Stanford, CA: Stanford University Press.

Fischer, F., & Mandl, H. (2005). Knowledge convergence in computer-supported collaborative learning: the role of external representation tools. *The Journal of the Learning Sciences*, *14*(3), 405-441.

Forte, A., & Bruckman, A. (2006). From Wikipedia to the classroom: exploring online publication and learning. In *Proceedings of the 7th international conference on Learning sciences* (S. 182-188). Bloomington: International Society of the Learning Sciences, Inc.

Forte, A., & Bruckman, A. (2007). Constructing text: wiki as a toolkit for (collaborative?) learning. In *Proceedings of the 2007 International Symposium on Wikis* (S. 31-42). New York: ACM Press.

Garfinkel, H. (1996). Ethnomethodology's program. *Social Psychology Quarterly*, *59*(1), 5-21.

Gibbs, R. W. (2006). *Embodiment and cognitive science*. Cambridge: Cambridge University Press.

Gick, M. L., & Holyoak, K. J. (1983). Schema induction and analogical transfer. *Cognitive Psychology*, *15*(1), 1-38.

von Glasersfeld, E. (1982). An interpretation of Piaget's constructivism. *Revue Internationale de Philosophie*, *36*(4), 612-635.

Goldman, R., Crosby, M., & Shea, P. (2004). Introducing quisitive research: expanding qualitative methods for describing learning in ALN. In R. Hiltz & R. Goldman (Hrsg.), *Learning together online: Research on asynchronous learning networks* (S. 103-121). Mahwah: Lawrence Erlbaum Associates.

Greeno, J. G. (1998). The situativity of knowing, learning, and research. *American Psychologist*, *53*(1), 5-26.

Guth, S. (2007). Wikis in education: is public better? In *Proceedings of the 2007 international symposium on Wikis* (S. 61-68). New York: ACM Press.

Hansford, B. C., & Hattie, J. A. (1982). The relationship between self and achievement/performance measures. *Review of Educational Research*, *52*(1), 123-142.

Hardin, G. (1968). The tragedy of the commons. *Science*, *162*(3859), 1243-1248.

Harrer, A., Moskaliuk, J., Kimmerle, J., & Cress, U. (2008). Visualizing wiki-supported knowledge building: co-evolution of individual and collective knowledge. In *Proceedings of the International Symposion on Wikis 2008 (WikiSym 08)*. New York: ACM Press.

Harrer, A., Zeini, S., Ziebarth, S., & Münter, D. (2007). Visualisation of the dynamics of computer-mediated community networks. In *Proceedings of International Sunbelt Social Network Conference*.

Hayes, J. R., & Flower, L. S. (1980). Identifying the organization of writing processes. In L. Gregg & E. Steinberg (Hrsg.), *Cognitive processes in writing* (S. 3-30). Hillsdale: Erlbaum.

Hayes, J. R., & Flower, L. S. (1986). Writing research and the writer. *American Psychologist*, *41*(10), 1106-1113.

Hänger, C. (2008). Good tags or bad tags? Tagging im Kontext der bibliothekarischen Sacherschließung. In B. Gaiser, T. Hampel, & S. Panke (Hrsg.), *Good Tags–Bad Tags: Social Tagging in der Wissensorganisation* (S. 64-72). Münster: Waxmann.

Hemmi, A., Bayne, S., & Land, R. (2009). The appropriation and repurposing of social technologies in higher education. *Journal of Computer Assisted Learning, 25*(1), 19-30.

Hewitt, J., & Scardamalia, M. (1998). Design principles for distributed knowledge building processes. *Educational Psychology Review, 10*(1), 75-96.

Holland, J. (1998). *Emergence - from chaos too order.* Redwood City, California: Addison-Wesley.

Honegger, B. D. (2005). Wiki und die starken Lehrerinnen. In S. Friedrich (Hrsg.), *Unterrichtskonzepte für informatische Bildung, Lecture Notes in Informatics.* (S. 173-183). Berlin: Köllen.

Honegger, B. D. (2006). Wiki und die starken Texte. *Deutschmagazin, 06*(1), 15-19.

Hunt, J. M. (1965). Intrinsic motivation and its role in psychological development. In *Nebraska symposium on motivation* (Bd. 13, S. 189-282). Lincoln: University of Nebraska Press.

Hutchins, E. (1995a). How a cockpit remembers its speeds. *Cognitive Science, 19*(3), 265-288.

Hutchins, E. (1995b). *Cognition in the wild.* Cambridge: MIT Press.

Jehn, K. A. (1994). Enhancing effectiveness: an investigation of advantages and disadvantages of value-based intragroup conflict. *International Journal of Conflict Management, 5*(3), 223-238.

Jeong, H., & Chi, M. (1997). Construction of shared knowledge during collaborative learning. In R. P. Hall, N. Miyake & N. Enyedy (Hrgs.), *Proceedings of Computer-Supported Collaborative Learning* (S. 124-128). Mahwah: Lawrence Erlbaum

Johnson, S. (2001). *Emergence: the connected lives of ants, brains. cities, and software.* New York: Scribner.

Jucker, A. H. (1992). *Social stylistics: syntactic variation in British newspapers.* New York: Mouton de Gruyter.

Kerawalla, L., Minocha, S., Kirkup, G., & Conole, G. (2009). An empirically grounded framework to guide blogging in higher education. *Journal of Computer Assisted Learning, 25*(1), 31-42.

Kesim, E., & Agaoglu, E. (2007). A paradigm shift in distance education: Web 2.0 and social software. *Turkish Online Journal of Distance Education, 3*(8), 66-75.

Kim, S., Han, H., & Han, S. (2006). The study on effective programming learning using wiki community systems. *Lecture Notes in Computer Science, 4227,* 646-651.

Kimmerle, J. (2008). Partizipation an Wikis: motivationale und soziale Erklärungsansätze. In J. Moskaliuk (Hrsg.), *Konstruktion und Kommunikation von Wissen mit Wikis* (S. 69-82). Boizenburg: Verlag Werner Hülsbusch.

Kimmerle, J., & Cress, U. (2009). Knowledge communication with shared databases. In J. Erickson (Hrsg.), *Database technologies: Concepts, methodologies, tools, and applications.* Hershey, PA: Information Science Reference.

Kimmerle, J., & Cress, U. (2008). Group awareness and self-presentation in computer-supported information exchange. *International Journal of Computer-Supported Collaborative Learning, 3*(1), 85-97.

Kimmerle, J., Cress, U., & Held, C. (im Druck). The interplay between individual and collective knowledge: Technologies for organisational learning and knowledge building. *Knowledge Management Research and Practice.*

Kimmerle, J., Cress, U., & Hesse, F. W. (2007). An interactional perspective on group awareness: alleviating the information-exchange dilemma (for everybody?). *International Journal of Human-Computer Studies, 65*(11), 899-910.

Kimmerle, J., Moskaliuk, J., & Cress, U. (2008). Individual learning and collaborative knowledge building with shared digital artifacts. In *Proceedings of World Academy of Sciene, Engineering and Technology* (Bd. 36, S. 719-72). Bangkok, Thailand: World Academy of Sciene, Engineering and Technology.

Kimmerle, J., Moskaliuk, J., & Cress, U. (2009a). Understanding learning - the wiki way. In *Proceedings of the 5th International Symposion on Wikis and Open Collaboration (WikiSym 09).* New York: ACM Press.

Kimmerle, J., Moskaliuk, J., & Cress, U. (2009b). Learning and knowledge building with social software. In C. O'Malley, D. Suthers, P. Reimann, & A. Dimitracopoulou (Hrgs.), *Computer Supported Collaborative Learning Practices: CSCL2009 Conference Proceedings* (Bd. 1, S. 459-468). International Society of the Learning Sciences (ISLS).

Kimmerle, J., Moskaliuk, J., & Cress, U. (2009c). A systems theoretical approach to knowledge building in online communities. Manuskript eingereicht zur Publikation in *Journal of Knowledge, Culture and Communication.*

Kimmerle, J., Moskaliuk,, J., Cress, U., & Harrer, A. (im Druck). Visualizing co-evolution of individual and collective knowledge. *Information, Communication and Society.*

Kimmerle, J., Wodzicki, K., & Cress, U. (2008). The social psychology of knowledge management. *Team Performance Management, 14*(7-8), 381-401.

King, A. (1999). Discourse patterns for mediating peer learning. In A. M. O'Donnell & A. King (Hrsg.), *Cognitive perspectives on peer learning* (S. 87-115). Mahwah: Lawrence Erlbaum Associates.

Kirst, K. (2008). Das ZUM-Wiki - eine offene Plattform für Lehrinhalte und Lernprozesse. In J. Moskaliuk (Hrsg.), *Konstruktion und Kommunikation von Wissen mit Wikis* (S. 139-150). Boizenburg: Verlag Werner Hülsbusch.

Kittur, A., Suh, B., Pendleton, B. A., & Chi, E. H. (2007). He says, she says: conflict and coordination in Wikipedia. In *Proceedings of the SIGCHI conference on Human factors in computing systems* (S. 453-462). San Jose, California, USA: ACM Press.

Klobas, J. (2006). *Wikis: Tools for Information Work And Collaboration.* Oxford: Chandos Publishing.

Koch, D. & Moskaliuk, J. (2009). Onlinestudie: Wissenschaftliches Arbeiten im Web 2.0. *e-learning and education (eleed).*

Koch, M., & Richter, A. (2007). *Enterprise 2.0: Planung, Einführung und erfolgreicher Einsatz von Social Software in Unternehmen.* München: Oldenbourg.

Kolbitsch, J., & Maurer, H. (2006). The transformation of the Web: how emerging communities shape the information we consume. *Journal of Universal Computer Science, 12*(2), 187-213.

Komus, A., & Wauch, F. (2008). *Wikimanagement: Was Unternehmen von Social Software und Web 2.0 lernen können.* München: Oldenbourg.

Kumar, R., Novak, J., Raghavan, P., & Tomkins, A. (2004). Structure and evolution of blogspace. *Communications of the ACM, 47*(12), 35-39.

Lave, J. (1991). Situating learning in communities of practice. In L. Resnick, J. Levine, & S. Teasley (Hrsg.), *Perspectives on socially shared cognition* (S. 63-82). Washington, DC.: APA.

Lave, J., & Wenger, E. (1991). *Situated learning: legitimate peripheral participation.* Cambridge: Cambridge University Press.

Leontjew, A. (1981). *Problems of the development of the mind.* Moskau: Progress.

Leontjew, A. (1982). *Tätigkeit, Bewußtsein, Persönlichkeit.* Köln: Campus.

Leuf, B., & Cunningham, W. (2001). *The wiki way: quick collaboration on the Web.* Boston: Addison-Wesley.

Levy, M. (2009). Web 2.0 implications on knowledge management. *Journal of Knowledge Management, 1*(13), 120-134.

Louridas, P. (2006). Using wikis in software development. *IEEE Software, 23*(2), 88-91.

Luhmann, N. (1995). *Social systems.* Stanford: Stanford University Press.

Luhmann, N. (1991). *Die Wissenschaft der Gesellschaft.* Frankfurt am Main: Suhrkamp.

Luhmann, N. (1993). *Das Recht der Gesellschaft.* Frankfurt am Main: Suhrkamp.

Luhmann, N. (1982). *Liebe als Passion*. Frankfurt am Main: Suhrkamp.

Luhmann, N. (1992). Operational closure and structural coupling: the differentiation of the legal system. *Cardozo Law Review, 13*, 1419.

Luhmann, N. (2006). System as difference. *Organization, 13*(1), 37-57.

Luhmann, N. (1990). *Essays on self-reference*. New York and Oxford: Columbia University Press.

Luhmann, N. (1986). The autopoiesis of social systems. In F. Geyer & J. van der Zouwen (Hrsg.), *Sociocybernetic Paradoxes: Observation, Control and Evolution of Self-Steering Systems* (S. 172-192). London: Sage Publications.

Marsh, H. W. (1986). Verbal and math self-concepts: an internal/external frame of reference model. *American Educational Research Journal, 23*(1), 129-149.

Maturana, H. R., & Varela, F. J. (1980). *Autopoiesis and cognition: the realization of the living (Boston Studies in the Philosophy of Science)*. Berlin: Springer.

Maturana, H. R., & Varela, F. J. (1987). *The tree of knowledge: the biological roots of human understanding*. Boston: Shambhala Publications.

McAfee, A. P. (2006). Enterprise 2.0: the dawn of emergent collaboration. *MIT Sloan Management Review, 47*(3), 21-28.

McNamara, D. S., Kintsch, E., Butler Songer, N. & Kintsch, W. (1996). Are good texts always better? Interactions of text coherence, background knowledge, and levels of understanding in learning from text. *Cognition and Instruction, 14*, 1-43.

McVee, M. B., Dunsmore, K., & Gavelek, J. R. (2005). Schema theory revisited. *Review of Educational Research, 75*(4), 531-566.

Mitchell, J. C. (1969). *Social networks in urban situations: analyses of personal relationships in Central African towns*. Manchester: University Press.

Mitchell, P. (2006). Wikis in education. In J. Klobas (Hrsg.), *Wikis: Tools for Information Work and Collaboration* (S. 119-147). Oxford: Chandos Publishing.

Moreno, J. L. (1951). *Sociometry, experimental method and the science of society: an approach to a new political orientation*. Beacon, New York: Beacon House.

Moreno, J. L. (1953). *Who shall survive?: Foundations of sociometry, group psychotherapy and sociodrama*. Beacon, New York: Beacon House.

Moskaliuk, J. (2008a). Schwierigkeiten beim Einsatz von Wikis. In J. Moskaliuk (Hrsg.), *Konstruktion und Kommunikation von Wissen mit Wikis* (S. 29-36). Boizenburg: Verlag Werner Hülsbusch.

Moskaliuk, J. (2008b). Anwendungsmöglichkeiten von Wikis. In J. Moskaliuk (Hrsg.), *Konstruktion und Kommunikation von Wissen mit Wikis* (S. 39-49). Boizenburg: Verlag Werner Hülsbusch.

Moskaliuk, J. (2008c). Effektiver Einsatz von Wikis. In J. Moskaliuk (Hrsg.), *Konstruktion und Kommunikation von Wissen mit Wikis* (S. 83-112). Boizenburg: Verlag Werner Hülsbusch.

Moskaliuk, J. (2008d). Das Wikiprinzip. In J. Moskaliuk (Hrsg.), *Konstruktion und Kommunikation von Wissen mit Wikis* (S. 17-28). Boizenburg: Verlag Werner Hülsbusch.

Moskaliuk, J. (2008e). Analyse und Visualisierung von Prozessen der Wissenskonstruktion am Beispiel von Wikipedia. In J. Moskaliuk (Hrsg.), *Konstruktion und Kommunikation von Wissen mit Wikis* (S. 151-162). Boizenburg: Verlag Werner Hülsbusch.

Moskaliuk, J. (2008f). Anwendungsmöglichkeiten von Wikis. In J. Moskaliuk (Hrsg.), *Konstruktion und Kommunikation von Wissen mit Wikis* (S. 39-50). Boizenburg: Verlag Werner Hülsbusch.

Moskaliuk, J. (2008e). Wissenskonstruktion mit Wikis aus konstruktivistischer und systemtheoretischer Sicht. In J. Moskaliuk (Hrsg.), *Konstruktion und Kommunikation von Wissen mit Wikis* (S. 51-68). Boizenburg: Verlag Werner Hülsbusch.

Moskaliuk, J., & Kimmerle, J. (2009a). Using wikis for organizational learning: Functional and psycho-social principles. *Development and Learning in Organizations., 4*(23), 21-24.

Moskaliuk, J., & Kimmerle, J. (2009b). Wikis: Zehn Erfolgsfaktoren für die Unternehmenspraxis. *Wissensmanagement, 2,* 27-29.

Moskaliuk, J., Kimmerle, J. & Cress, U. (2009). Virtual Reality 2.0 and Its Application in Knowledge Building. In San Murugesan (Hrsg.): *Handbook of Research on Web 2.0, 3.0 and X.0: Technologies, Business, and Social Applications.* Hershey, PA: IGI Global.

Moskaliuk, J., Kimmerle, J., & Cress, U. (im Druck). Wiki-supported learning and knowledge building: effects of Incongruity between Knowledge and Information. *Journal of Computer Assisted Learning.*

Moskaliuk, J., Kimmerle, J., & Cress, U. (2008). Learning and knowledge building with wikis: the impact of incongruity between people's knowledge and a wiki's information. In *Proceedings of the International Conference of the Learning Sciences 2008* (Bd. 2, S. 99-106). Utrecht, The Netherlands: International Society of the Learning Sciences, Inc.

Murugesan, S. (2007). Understanding Web 2.0. *IT Professional, 9*(4), 34-41.

Müller, C. (2008). *Graphentheoretische Analyse der Evolution von Wiki-basierten Netzwerken für selbstorganisiertes Wissensmanagement.* Berlin: GITO-Verlag.

Müller, C., Meuthrath, B., & Baumgraß, A. (2008). Analyzing wiki-based networks to improve knowledge processes in organizations. *Journal of Universal Computer Science, 14*(4), 526-545.

Newman, M. E. J. (2003). The structure and function of complex networks. *SIAM Review, 45,* 167-256.

Nonaka, I. (1994). A dynamic theory of organizational knowledge creation. *Organization Science, 5*(1), 14-37.

Nonaka, I., & Takeuchi, H. (1995). *The knowledge creating company: how Japanese companies create the dynamics of innovation.* Oxford: Oxford University Press.

Nonaka, I., & Toyama, R. (2003). The knowledge-creating theory revisited: knowledge creation as a synthesizing process. *Knowledge Management Research & Practice, 1*(1), 2-10.

O'Donnell, A. M., & O'Kelly, J. (1994). Learning from peers: beyond the rhetoric of positive results. *Educational Psychology Review, 6*(4), 321-349.

O'Donnell, W. R., & Todd, L. (1991). *Variety in contemporary English.* London: Routledge.

O'Reilly, T. (2005). What is Web 2.0. *Design patterns and business models for the next generation of software.* Abgerufen von http://www.oreillynet.com/pub/a/oreilly/tim/news/2005/09/30/what-is-web-20.html.

Pachler, N., & Daly, C. (2009). Narrative and learning with Web 2.0 technologies: towards a research agenda. *Journal of Computer Assisted Learning, 25*(1), 6-18.

Palincsar, A. S., & Brown, A. L. (1984). Reciprocal teaching of comprehension-fostering and comprehension-monitoring activities. *Cognition and instruction, 1*(2), 117-175.

Pearson, A. W., Ensley, M. D., & Amason, A. C. (2002). An assessment and refinement of Jehn's intragroup conflict scale. *International Journal of Conflict Management, 13*(2), 110 - 126.

Piaget, J. (1970). Piaget's theory. In P. Mussen (Hrsg.), *Carmichael's manual of child psychology* (S. 703-732). New York: Wiley.

Piaget, J. (1977a). Problems of equilibration. In M. Appel & L. Goldberg (Hrsg.), *Topics in Cognitive Development* (Bd. 1, S. 3-14). New York: Plenum.

Piaget, J. (1977b). *The development of thought: equilibration of cognitive structures.* New York: Viking Press.

Polanyi, M. (1966). *The tacit dimension.* Garden City, NY: Doubleday.

Ras, E., Avram, G., Waterson, P., & Weibelzahl, S. (2005). Using weblogs for knowledge sharing and learning in information spaces. *Journal of Universal Computer Science, 11*(3), 394-409.

Ravid, G., Kalman, Y. M., & Rafaeli, S. (2008). Wikibooks in higher education: empowerment through online distributed collaboration. *Computers in Human Behavior, 24*(5), 1913-1928.

Redner, S. (1998). How popular is your paper? An empirical study of the citation distribution. *The European Physical Journal B*, *4*(2), 131-134.

Reinhold, S. (2006). WikiTrails: Augmenting wiki structure for collaborative, interdisciplinary learning. In *Proceedings of the 2006 international symposium on Wikis* (S. 47-58). New York: ACM.

Renkl, A. (2002). Worked-out examples: instructional explanations support learning by self-explanations. *Learning and Instruction*, *12*(5), 529-556.

Richardson, W. (2006). *Blogs, wikis, podcasts, and other powerful web tools for classrooms*. Thousand Oaks: Corwin.

Robinson, F. P. (1970). *Effective study*. New York: Harper und Row.

Rollett, H., Lux, M., Strohmaier, M., & Dosinger, G. (2007). The Web 2.0 way of learning with technologies. *International Journal of Learning Technology*, *3*(1), 87-107.

Rumelhart, D. E., & Norman, D. A. (1978). Accretion, tuning and restructuring: three modes of learning. In J. Cotton & R. Klatzky (Hrsg.), *Semantic factors in cognition*. Hillsdale, New York: Erlbaum.

Rumelhart, D. E., & Ortony, A. (1977). The representation of knowledge in memory. In R. Anderson, R. J. Spiro, & W. Montague (Hrsg.), *Schooling and the acquisition of knowledge* (S. 99-135). Hillsdale, New York: Lawrence Erlbaum Associates.

Salomon, G. (1993). *Distributed cognitions*. New York: Cambridge University Press.

Scardamalia, M. (2003). Knowledge Forum (Advances beyond CSILE). *Journal of Distance Education*, *17*, 23-28.

Scardamalia, M. (2002). Collective cognitive responsibility for the advancement of knowledge. In B. Smith (Hrsg.), *Liberal education in a knowledge society* (S. 67-98). Chicago: Open Court.

Scardamalia, M., & Bereiter, C. (2006). Knowledge building: theory, pedagogy, and technology. In K. Sawyer (Hrsg.), *The Cambridge handbook of the learning sciences* (S. 97 – -115). New York: Cambridge University Press.

Scardamalia, M., & Bereiter, C. (1991). Higher levels of agency for children in knowledge building: a challenge for the design of new knowledge media. *Journal of the Learning Sciences*, *1*(1), 37-68.

Scardamalia, M., & Bereiter, C. (1994). Computer support for knowledge-building communities. *The Journal of the Learning Sciences*, *3*(3), 265-283.

Scardamalia, M., & Bereiter, C. (1996). Student communities for the advancement of knowledge. *Communications of the ACM*, *39*(4), 36-37.

Scardamalia, M. & Bereiter, C. (2003). Knowledge building. In *Encyclopedia of education* (S. 1370-1373). New York: Macimillan Reference.

Scardamalia, M., Bereiter, C., Lamon, M., & McGilly, K. (1994). The CSILE project: trying to bring the classroom into World 3. In *Classroom lessons: Integrating cognitive theory and classroom practice* (S. 201-228). London: MIT Press.

Schaal, S., Bogner, F., & Girwidz, R. (2009). Concept mapping assessment of media assisted learning in interdisciplinary science education. *Research in Science Education.*

Schmidt, J. (2006). Social Software: Onlinegestütztes Informations-, Identitäts-und Beziehungsmanagement. *Forschungsjournal Neue Soziale Bewegungen, 2,* 37-47.

Schmidt, J. (2007). Zu Form und Bestimmungsfaktoren weblogbasierter Netzwerke. Das Beispiel twoday. net. In C. Stegbauer & M. Jäckel (Hrsg.), *Formen der Kooperation in computerbasierten Netzwerken: Beispiele aus dem Bereich „Social Software"* (S. 71-93). Wiesbaden: VS Verlag.

Schommer, M. (1990). Effects of beliefs about the nature of knowledge on comprehension. *Journal of Educational Psychology, 82*(3), 498-504.

Shah, P. P., & Jehn, K. A. (1993). Do friends perform better than acquaintances? the interaction of friendship, conflict, and task. *Group Decision and Negotiation, 2*(2), 149-165.

Sigala, M. (2007). Integrating Web 2.0 in e-learning environments: a sociotechnical approach. *International Journal of Knowledge and Learning, 3*(6), 628-648.

Slavin, R. (1978). Student teams and achievement divisions. *Journal of Research and Development in Education, 12*(1), 39-49.

Stabenau, E. (2007). Wie alles anfing, oder "Hinter den Kulissen von netbib". *Bibliothek: Forschung und Praxis, 31*(2).

Stahl, G. (2006). *Group cognition: computer support for building collaborative knowledge.* Cambridge: MIT Press.

Stahl, G. (2009). *Studying Virtual Math Teams.* New York: Springer.

Stahl, G. (2007). Meaning making in CSCL: conditions and preconditions for cognitive processes by groups. In *Proceedings of International Conference of Computer-Supported Collaborative Learning (CSCL'07),* New Brunswick, NJ: International Society of the Learning Science, Inc.

Stahl, G. (2009). How to study group cognition. In S. Puntambekar, G. Erkens, & C. E. Hmelo-Silver (Hrsg.), *Analyzing interactions in CSCL: Methodologies, approaches and issues.* New York: Springer.

Stahl, G. (2007). The role of a wiki in supporting group cognition. Vortrag auf der *Open Learning Initiative,* Pittsburgh, PA. Abgerufen von http://GerryStahl.net/pub/oli2007.pdf.

Stahl, G. (2008). Integrating a wiki into support for group cognition. Vortrag auf der *International Conference of the Learning Sciences (ICLS 2008)*, *Utrecht*, *Netherlands*. Abgerufen von http://GerryStahl.net/pub/icls2008wiki.pdf.

Stahl, G., Koschmann, T., & Suthers, D. (2006). Computer-supported collaborative learning: an historical perspective. In R. K. Sawyer (Hrsg.), *Cambridge handbook of the learning sciences* (Bd. 2006, S. 409-426). Cambridge: Cambridge University Press.

Stasser, G., & Titus, W. (2003). Hidden profiles: a brief history. *Psychological Inquiry*, *3*(4), 302-311.

Stasser, G., & Titus, W. (1985). Pooling of unshared information in group decision making: biased information sampling during discussion. *Journal of Personality and Social Psychology*, *48*(6), 1467-1478.

Stasser, G., Vaughan, S. I., & Stewart, D. D. (2000). Pooling unshared information: the benefits of knowing how access to information is distributed among group members. *Organizational Behavior and Human Decision Processes*, *82*(1), 102-116.

Stegbauer, C. (Hrsg.). (2009). *Netzwerkanalyse und Netzwerktheorie*. Wiesbaden: VS Verlag.

Stegbauer, C., & Rausch, A. (2001). Neue Wissensproduktion durch das Internet? Vernetzung von wissenschaftlichen Diskussionsforen am Beispiel des MAILBASE-Systems. In G. Bender (Hrsg.), *Neue Formen der Wissenserzeugung*. Frankfurt am Main: Campus.

Surowiecki, J. (2005). *The wisdom of crowds*. New York: Anchor Books.

Sweeney, J. C., & Hausknecht, D. (2000). Cognitive dissonance after purchase: a multidimensional scale. *Psychology and Marketing*, *17*(5), 369-385.

Sweller, J., van Merrienboer, J., & Paas, F. (1998). Cognitive architecture and instructional design. *Educational Psychology Review*, *10*(3), 251-296.

Tapscott, D., & Williams, A. D. (2006). *Wikinomics: how mass collaboration changes everything*. New York: Portfolio.

Tepper, M. (2003). The rise of social software. *netWorker*, *7*(3), 18-23.

Tetard, F., Patokorpi, E., & Packalen, K. (2009). Using wikis to support constructivist learning: a case study in university education settings. In *Proceedings of HICSS '09* (S. 1-10).

Tredinnick, L. (2006). Web 2.0 and Business: a pointer to the intranets of the future? *Business information review*, *23*(4), 228.

Trier, M. (2005). IT-supported visualization of knowledge community structures. In *Proceedings of the 38th Annual Hawaii International Conference of System Science, HICSS'05* (S. 194b). Chicago: IEEE Computer Society.

Tulving, E. (1985). How many memory systems are there? *The American Psychologist*, *40*(4), 385-398.

Tyler, J. R., Wilkinson, D. M., & Huberman, B. A. (2003). Email as spectroscopy: automated discovery of community structure within organizations. In M. Huysman, E. Wenger, & V. Wulf (Hrsg.), *Communities and Technologies: Proceedings of the First International Conference on Communities and Technologies, C&T 2003.* (S. 81-96). Berlin: Springer.

Tynjälä, P., Mason, L., & Lonka, K. (2001). *Writing as a learning tool: integrating theory and practice.* Dordrecht: Kluwer Academic Publishers.

Ullrich, C., Borau, K., Luo, H., Tan, X., Shen, L., & Shen, R. (2008). Why Web 2.0 is good for learning and for research: principles and prototypes. In *Proceeding of the 17th international conference on World Wide Web* (S. 705-714). Beijing, China: ACM.

Varela, F. G., Maturana, H. R., & Uribe, R. (1974). Autopoiesis: the organization of living systems, its characterization and a model. *Bio Systems, 5*(4), 187-196.

Viegas, F. B., Wattenberg, M., Kriss, J., & van Ham, F. (2007). Talk before you type: coordination in Wikipedia. *Hawaii International Conference on System Science, 40*(3), 1298.

Viégas, F. B., Wattenberg, M., & Dave, K. (2004). Studying cooperation and conflict between authors with history flow visualizations. *Proceedings of SIGCHI*, 575-582.

Vygotsky, L. S. (1986). *Thought and language.* Cambridge: MIT Press.

Wang, C., & Turner, D. (2004). Extending the wiki paradigm for use in the classroom. In *Proceedings of the International Conference on Information Technology: Coding and Computing (ITCC'04)* (S. 255-259).

Wasko, M., & Faraj, S. (2005). Why should i share? Examining social capital and knowledge contribution in electronic networks of practice. *Mis Quarterly, 29*(1), 35-57.

Wasserman, S., & Faust, K. (1994). *Social network analysis: methods and applications.* Cambridge: Cambridge University Press.

Wattenberg, M., Fernanda B. Viégas, & Hollenbach, K. (2007). Visualizing activity on Wikipedia with chromograms. In *Human-Computer Interaction – INTERACT 2007*, Lecture Notes in Computer Science (S. 272-287). Berlin / Heidelberg: Springer.

Webb, N. M., & Palincsar, A. (1996). Group processes in the classroom. In D. Berliner (Hrsg.), *Handbook of educational psychology* (S. 841-873). London: Routledge

Webb, N. M. (1991). Task-related verbal interaction and mathematics learning in small groups. *Journal for Research in Mathematics Education, 22*, 366-389.

Weber, M. (2002). *Wirtschaft und Gesellschaft. Grundriß der Verstehenden Soziologie.* (J. Winckelmann, Hrsg.). Tübingen: Mohr.

Weinberger, A., Stegmann, K., & Fischer, F. (2007). Knowledge convergence in collaborative learning: concepts and assessment. *Learning and Instruction, 17*(4), 416-426.

Wittenbaum, G., Hollingshead, A., & Botero, I. (2004). From cooperative to motivated information sharing in groups: moving beyond the hidden profile paradigm. *Communication Monographs, 71*(3), 486-310.

Wittenbaum, G., Hubbell, A., & Zuckerman, C. (1999). Mutual enhancement: toward an understanding of the collective preference for shared information. *Journal of Personality and Social Psychology, 77*(5), 967-978.

Xu, L. (2007). Project the wiki way: using wiki for computer science course project management. *Journal of Computing Sciences in Colleges., 22*(6), 109-116.

Yukawa, J. (2006). Co-reflection in online learning: collaborative critical thinking as narrative. *International Journal of Computer-Supported Collaborative Learning, 1*(2), 203-228.

9 Anhang

9.1 Auswahl der Wiki-Seiten

Tabelle 4 zeigt die für die Netzwerkanalyse verwendeten Artikel aus der Online-Enyklopädie (http://de.wikipedia.org). In der ersten Spalte ist der Name des Wikipedia-Artikels aufgeführt. Die Werte in der Spalte Entfernung geben an, ob der Artikel direkt (Entfernung=1) mit dem Artikel über die Ursachen der Schizophrenie, oder über einen weiteren Artikel (Entfernung=2) verlinkt ist.

Tabelle 4: Artikel der Wikipedia, die für die Netzwerkanalyse verwendet wurden.

	Thema der Seite	Community	Entfernung
Adoleszenz	Soziale Faktoren	sozial	1
Amphetamin	Toxische Faktoren	biologisch	1
Amygdala	Neuronale Faktoren	biologisch	1
Antikörper	Biologische Faktoren	biologisch	1
Antipsychiatrie	Soziale Faktoren	sozial	1
Borna-Virus	Biologische Faktoren	biologisch	1
Borrelien	Biologische Faktoren	biologisch	1
Cannabiswirkstoff	Toxische Faktoren	biologisch	1
Cortex	Neuronale Faktoren	biologisch	1
Denken	Symptome	biologisch	1
Diathese-Stress-Modell	Diathese	Diathese	1
Dopamin	Hormonelle Ursachen	biologisch	1
Dopaminhypothese	Hormonelle Ursachen	sozial	1
Doppelbindungstheorie	Soziale Faktoren	sozial	1
Expressed-Emotion-Theorie	Soziale Faktoren	sozial	1
Familie	Soziale Faktoren	sozial	1
Gebärmutter	Biologische Ursachen	biologisch	1
Geburt	Biologische Ursachen	biologisch	1
Gefühl	Symptome	unklar	1
Herpes simplex	Biologische Faktoren	biologisch	1
Hippocampus	Neuronale Faktoren	biologisch	1
Hirnschädigung	Biologische Faktoren	biologisch	1
Hirnventrikel	Neuronale Faktoren	biologisch	1
Ich	Soziale Faktoren	sozial	1
Infektionen	Biologische Faktoren	biologisch	1
Influenza	Biologische Faktoren	biologisch	1
Krabbelalter	Biologische Ursachen	biologisch	1
Limbisches_System	Neuronale Faktoren	biologisch	1
Luc_Ciompi	Diathese Stress	Diathese	1
Medikamente	Neuronale Faktoren	biologisch	1
Neurobiologie	Neuronale Faktoren	biologisch	1
Neuroleptikum	Neuronale Faktoren	biologisch	1

Neurotransmitter	Neuronale Ursachen	biologisch	1
Östrogen	Hormonelle Ursachen	biologisch	1
Positronen-Emissionstomografie	Neuronale Faktoren	biologisch	1
Ronald_D._Laing	Soziale Faktoren	sozial	1
Soziale_Kontrolle	Soziale Faktoren	sozial	1
Sprechen	Symptome	unklar	1
Temporallappen	Neuronale Faktoren	biologisch	1
THC	Toxische Faktoren	biologisch	1
Toxoplasma gondii	Biologische Faktoren	biologisch	1
Transmittersystem	Neuronale Faktoren	biologisch	1
Vernachlässigung	Soziale Faktoren	sozial	1
Viren	Biologische Faktoren	biologisch	1
Vulnerabilität	Diathese-Stress	Diathese	1
Wahrnehmung	Symptome	unklar	1
Zwillingsforschung	Biologische Ursachen	biologisch	1
Überich	Soziale Faktoren	sozial	2
Anthropologie	Soziale Faktoren	sozial	2
Appell_Kommunikation	Soziale Faktoren	sozial	2
Bewältigungsstrategie	Soziale Faktoren	sozial	2
Beziehungsebene	Soziale Faktoren	sozial	2
Bildgebendes_Verfahren	Neuronale Faktoren	biologisch	2
Bindungsstörung	Soziale Faktoren	sozial	2
Botenstoff	Neuronale Faktoren	biologisch	2
Diathese	Diathese	Diathese	2
Disposition_Medizin	Diathese	Diathese	2
Exposition_Medizin	Diathese	Diathese	2
Gehirn	Neuronale Faktoren	biologisch	2
Genetik	Biologische Faktoren	biologisch	2
Genkopplung	Biologische Faktoren	biologisch	2
Gregory_Bateson	Soziale Faktoren	sozial	2
Heritabilität	Biologische Faktoren	biologisch	2
Introjektion	Soziale Faktoren	sozial	2
Klassische_Konditionierung	Soziale Faktoren	sozial	2
Metakommunikation	Soziale Faktoren	sozial	2
Molekularbiologie	Biologische Faktoren	biologisch	2
Moral	Soziale Faktoren	sozial	2
Nervensystem	Neuronale Faktoren	biologisch	2
Nervenzelle	Neuronale Faktoren	biologisch	2
Neuromodulator	Neuronale Faktoren	biologisch	2
Nuklearmedizin	Neuronale Faktoren	biologisch	2
Paradoxon	Soziale Faktoren	sozial	2
Paul_Watzlawick	Soziale Faktoren	sozial	2
Prädisposition	Diathese	Diathese	2
Psychoanalyse	Soziale Faktoren	sozial	2
Reslienz_Psychologie	Diathese	Diathese	2
Risikofaktor	Diathese	Diathese	2
Schutzfaktor_Medizin	Diathese	Diathese	2

Selbst	Soziale Faktoren	sozial	2
Sigmund_Freud	Soziale Faktoren	sozial	2
Soziologie	Soziale Faktoren	sozial	2
Synapse	Neuronale Faktoren	biologisch	2
Umweltfaktor	Biologische Faktoren	biologisch	2
Zentralnervensystem	Neuronale Faktoren	biologisch	2

9.2 Informationseinheiten

Im Folgenden werden die zur Erstellung der Wiki-Texte für die Laborexperimente verwendete Textbausteine aufgeführt. B1 bis B4 bezeichnet Argumente zu biologischen Faktoren, S1 bis S4 Argumente zu sozialen Faktoren, die integrativen Argumente sind mit D1 und D2 bezeichnet.

Biologische Faktoren

B1: Je näher die Verwandtschaft mit einem Schizophreniekranken, desto wahrscheinlicher wird auch eine eigene Erkrankung. Das haben Familien- und Zwillingsstudien ergeben. Bei einem schizophreniekranken Elternteil beträgt die Wahrscheinlichkeit 5-10%, bei kranken Geschwistern 10%, bei eineiigen Zwillingen 45 % und etwa 14 % bei zweieiigen Zwillingen. Damit liegt es nahe eine genetische Ursache der Schizophrenie anzunehmen.

B2: Für die Hypothese der Vererbung der Schizophrenie spricht, dass sich bei den Kindern eines gesunden Elternteil, dessen eineiger Zwilling an Schizophrenie erkrankt ist höhere Erkrankungsraten finden. Auch wenn das Elternteil selbst nicht erkrankt ist, scheint sich trotzdem eine Disposition an Schizophrenie zu erkranken zu vererben. Obwohl phänotypisch keine Schizophrenie vorlag, ist genotypisch eine Prädisposition vorhanden (eineiige Zwillinge sind genetisch identisch).

B3: Es gibt es einige Befunde, die vermuten lassen, dass frühkindliche Infektionen eine Rolle spielen. Die Häufung schizophrener Erkrankungen bei Menschen, welche in Großstädten sowie in den ersten drei Monaten des Jahres geboren wurden, stützt diese Hypothese. In Frage kommen bestimmte Viren (Herpes simplex Typ II, Influenza- und Borna-Viren), oder Protozoen wie Toxoplasma gondii und bestimmte Borrelien. Eine hirnorganische, neurologische Ursache für die Schizophrenie ist also sehr wahrscheinlich.

B4: Außerdem zeigt, sich dass frühkindliche oder pränatale Hirnschäden eine wesentliche Rolle spielen. An Schizophrenie erkrankte Menschen weisen eine erhöhte Quote an Komplikationen bei ihrer Geburt auf. Das stützt die Annahme, dass hirnorganische Ursachen für die Schizophrenie vorliegen, die Vorraussetzung dafür, dass eine Vererbung möglich ist.

Soziale Ursachen

S1: Deutlich zeigt sich ein Zusammenhang zwischen der soziale Schicht beziehungsweise dem sozio-ökonomischen Status und der Häufigkeit von Schizophrenien besteht, in niedrigeren sozialen Schichten ist die Diagnose Schizophrenie häufiger. Die soziogene Hypothese nimmt an, dass niedriges Bildungsniveau, die entwürdigenden Lebensbedingungen, der größere Lebensstreß, die schlechtere Ernährung und andere Belastungen den Ausbruch einer Schizophrenie wahrscheinlicher machen.

S2: Die Aussagekraft von Familienstudien (Adoptionsstudien wären aussagekräftiger) muss relativiert werden, da wir es in der Regel auch mit einer identischen Umwelt zu tun haben. Hat also der Bruder eines Schizophreniepatienten ein höheres Risiko an Schizophrenie zu erkranken, dann muss der Grund dafür nicht unbedingt in der genetischen ähnlichkeit zum Bruder zu suchen sein. Da beide einer ähnlichen Umwelt aufwachsen kann auch die negative Umwelt eine Hauptursache sein.

S3: Interessant sind Untersuchungen des Familienmilieus, in dem ein Patient lebt. Angenommen wird ein großer Einfluss einer schizophrenogenen Mutter, die zurückweisend und unempfänglich für die Gefühle anderer, zugleich aber überfürsorglich und aufopferungsvoll, rigide und moralisch in ihren Ansichten über Sexualität ist. Auch die Kommunikationsstruktur und das Klima in der Familie spielt eine Rolle, die sog. Expressed Emotions also kritische Anmerkungen über die Person des Erkrankten, feindselige Aussagen oder eine sehr starke Bindung. Die Umwelt, in der ein Mensch lebt, kann als wichtige Ursache für die Erkrankung gelten.

S4: Die double-bind-Theorie nimmt an, die persönliche Beziehung zur einer sehr wichtige Person, meist der eigenen Familie, gestört ist: Diese Person übermittelt oft in ihren Aussagen und Verhaltensweisen sich widersprechende Botschaften. Der Betroffene hat keine Möglichkeit, angemessen zu reagieren, die Botschaften zu ignorieren oder sich aus der Situation zurück zu ziehen. Das führt zur Ausbildung einer Schizophrenie.

Integrative Argumente

D1: Auszuschließen ist das die Ursachen von Schizophrenie nur mit einer Vererbung erklärt werden kann. Sinnvoll ist ein Diathese Streß-Modell. Genetische Faktoren werden bei der Verursachung als Diathese angenommen, es liegt als also eine genetisch bedingte Vulnerabilität. einer Verletzbarkeit vor. Diese z.T. als Basissymptome vorliegenden Störungen können kompensiert werden, so das es nicht zum Ausbruch der Krankheit kommt. Durch das zusätzliche Einwirken von psychosozialem Streß kommt es an erst zum Ausbruch der Krankheit.

D2: Wenn wir das soziale Umfeld (also z.B. die Familie) oder die soziale

Schicht in der ein Patient lebt betrachten, müssen wir letztlich immer von einer Wechselwirkung ausgehen: Die Umwelt beeinflusst die Person und die Person beeinflusst ihre Umwelt. Belege für Auswirkungen der Umwelt als Ursache für die Erkrankung Schizophrenie können nicht ohne weiteres ursächlich verstanden werden. Damit ist auch die Frage nach dem Einfluss von Genen und Umwelt nicht endgültig geklärt, ausgegangen werden muss von einer gegenseitigen Beeinflussung und einer Wechselwirkung zwischen Genen und Umwelt.

9.3 Texte der Newsletter

Abbildung 32 zeigt einen der verwendeten zehn Newsletter, die die Versuchspersonen in den Laborexperimenten zur Manipulation des Vorwissens erhalten haben.

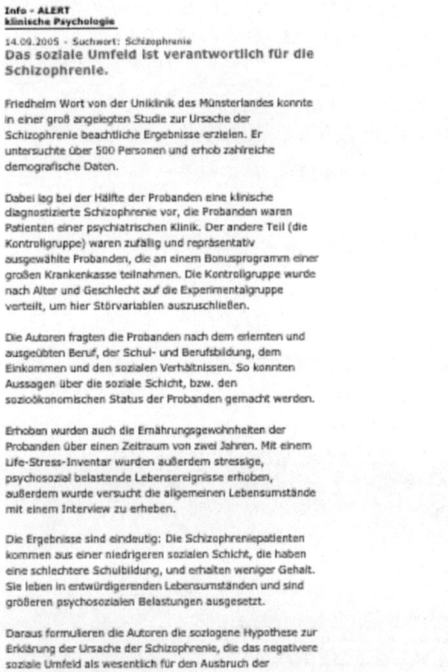

Info - ALERT
klinische Psychologie

14.09.2005 - Suchwort: Schizophrenie
Das soziale Umfeld ist verantwortlich für die Schizophrenie.

Friedhelm Wort von der Uniklinik des Münsterlandes konnte in einer groß angelegten Studie zur Ursache der Schizophrenie beachtliche Ergebnisse erzielen. Er untersuchte über 500 Personen und erhob zahlreiche demografische Daten.

Dabei lag bei der Hälfte der Probanden eine klinische diagnostizierte Schizophrenie vor, die Probanden waren Patienten einer psychiatrischen Klinik. Der andere Teil (die Kontrollgruppe) waren zufällig und repräsentativ ausgewählte Probanden, die an einem Bonusprogramm einer großen Krankenkasse teilnahmen. Die Kontrollgruppe wurde nach Alter und Geschlecht auf die Experimentalgruppe verteilt, um hier Störvariablen auszuschließen.

Die Autoren fragten die Probanden nach dem erlernten und ausgeübten Beruf, der Schul- und Berufsbildung, dem Einkommen und den sozialen Verhältnissen. So konnten Aussagen über die soziale Schicht, bzw. den sozioökonomischen Status der Probanden gemacht werden.

Erhoben wurden auch die Ernährungsgewohnheiten der Probanden über einen Zeitraum von zwei Jahren. Mit einem Life-Stress-Inventar wurden außerdem stressige, psychosozial belastende Lebensereignisse erhoben, außerdem wurde versucht die allgemeinen Lebensumstände mit einem Interview zu erheben.

Die Ergebnisse sind eindeutig: Die Schizophreniepatienten kommen aus einer niedrigeren sozialen Schicht, die haben eine schlechtere Schulbildung, und erhalten weniger Gehalt. Sie leben in entwürdigenden Lebensumständen und sind größeren psychosozialen Belastungen ausgesetzt.

Daraus formulieren die Autoren die soziogene Hypothese zur Erklärung der Ursache der Schizophrenie, die das negativere soziale Umfeld als wesentlich für den Ausbruch der Erkrankung Schizophrenie sieht.

↑ TOP   🔍 SUCHEN   ✉ WEITERLEITEN   🖨 DRUCKEN

Abbildung 32: Einer der verwendeten zehn Newsletter.

9.4 Versuchsumgebung

Abbildung 33 zeigt einen Screenshot aus dem Tutorial, das den Versuchspersonen die Funktionsweise des Wikis erklärte. Abbildung 34 zeigt das Eingabefenster des Wikis, in dem die Versuchspersonen das Wiki editieren konnten.

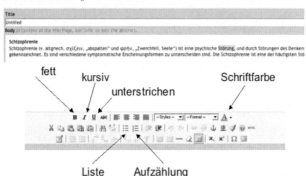

Abbildung 33: Screenshot aus dem Tutorial, dass die Funktionweise des Wikis erklärt

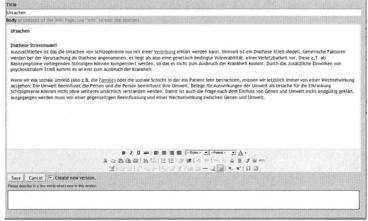

Abbildung 34: Wiki-Seiten über die Ursachen der Schizophrenie im Edit-Modus

156

9.5 Begrüßung durch den Versuchleiter

Folgende Informationen erhielten die Versuchspersonen vom Versuchsleiter zu Beginn der Experimente:

Herzlich Willkommen zu der Studie mit dem Infowiki klinische Psychologie. Die Studie dauert insgesamt höchstens 90 Minuten. Während der Studie werdet ihr 50 Minuten gemeinsam an einem Wiki arbeiten. Ein Wiki ist eine Webseite, die von allen Benutzern nicht nur gelesen, sondern auch verändert werden kann. Wie genau das funktioniert, wird Euch im Laufe der Studie erklärt. Alle Informationen und zwei Fragebögen, vor und nach der Wiki-Phase, werden Euch auf dem Computer dargeboten.

Wenn Ihr Fragen habt oder mit der Bedienung nicht zurechtkommt, meldet Euch einfach kurz, ich komme dann bei Euch vorbei, damit die Anderen nicht gestört werden.Ich bitte Euch, während des Versuchs nicht miteinander zureden!

Gibt es noch Fragen? [auf Rückfragen warten, ggf. beantworten]

Dann beginnt jetzt mit dem Versuch, in dem Ihr auf weiter klickt und Euch mit den Versuchsdaten, die auf dem Zettel vor Euch liegen einloggt.

9.6 Verabschiedung durch den Versuchleiter

Folgende Informationen erhielten die Versuchspersonen vom Versuchsleiter zu nach Abschluss der Experimente:

Vielen Dank für Eure Teilnahme an dem Versuch. Ihr erhaltet als Dankeschön 12 Euro bzw. eine Bescheinigung 1,5 Versuchspersonenstunden.

Zum Abschluss der Studie noch einige Informationen über die Hintergründe. Ich bitte Euch, diese Informationen nicht an andere Bekannte weiterzugeben, die eventuell noch an dem Versuch teilnehmen werden.

Mit der Studie möchte ich untersuchen, wie das individuelle und selbstgesteuerte Lernen von Menschen mit Hilfe von Wikis verbessert werden kann. Deshalb gibt es das Wiki, mit dem Ihr gearbeitet habt in unterschiedlichen Versionen, von denen ich behaupte, dass manche besser sind zum Lernen, manche schlechter. Ihr habt also nicht am gleichen Wiki gearbeitet, sondern jeder an seinem eigenen Wiki, anders als das in Wirklichkeit, z.B. in einer Schulklasse oder in einem Betrieb wäre. Mit dem kleinen Test zum Schluss möchte ich messen, wie viel Ihr in den 50 Minuten während der Arbeit mit dem Wiki gelernt habt. Daraus lassen sich Rückschlüsse ziehen, welche Richtlinien bei der Gestaltung von Wikis berücksichtigt werden müssen.

Gibt es noch Fragen? [auf Rückfragen warten, ggf. beantworten]

Wenn ihr Lust habt, könnt ihr Euch aber von Zuhause aus noch mal in Euer Wiki einloggen und Informationen ergänzen oder verbessern. Wer weitere Informationen zu den Ergebnissen der Studie haben möchte, kann mir seine E-Mail-Adresse hinterlassen, ich verschicke dann nach Abschluss der Studie ein kurzes Infodokument.

9.7 Fragebogen vor der Wiki-Phase

9.7.1 Einstellung zur Wikipedia

Fünf-stufige Skala: trifft überhaupt nicht zu - trifft voll zu.

* Ich nutze Wikipedia zur schnellen Einführung in ein Themengebiet.
* Ich nutze Wikipedia zur Vorbereitung auf Lehrveranstaltungen, die ich halten muss.
* In der Wikipedia nutze ich hauptsächlich die angegebenen Links auf weiterführende Seiten.
* Ich nutze Wikipedia als Quelle für meine wissenschaftliche Arbeit.
* Ich schreibe regelmäßig Beiträge für die Wikipedia.
* Ich korrigiere ab und zu kleinere Fehler in der Wikipedia.
* Ich überarbeite und verbessere regelmäßig bestehende Artikel.
* Ich war früher mal in der Wikipedia aktiv.
* Ich würde mich als „Wikipedianer" bezeichnen.
* Seiten wie die Wikipedia sind eine echte Erleichterung für mich.
* Aus der Wikipedia zu zitieren ist eine Todsünde.
* Ich zitiere regelmäßig aus der Wikipedia.

9.8 Fragebogen nach der Wiki-Phase

9.8.1 Selbsteinschätzung Vorwissen

* Hast Du im Rahmen Deines Studiums, oder bei einer schon abgeschlossenen Ausbildung schon etwas zum Thema Schizophrenie gelernt?
  Nein, gar nichts.
  Ja, am Rande.
  Ja, aber ich kenne mich nicht besonders gut aus.
  Ja, ich kenne mich gut aus.
* Ist jemand in Deinem näheren Umfeld (Verwandte, Bekannte) an Schizophrenie erkrankt?
  Ja. / Nein.

9.8.2 Wissenstest Konzeptwissen / offene Frage

In dem Teil des Wikis, das Du bearbeitet hast waren auch Informationen über die Ursachen der Schizophrenie enthalten. Vielleicht hast Du sogar selbst Informationen hinzugefügt oder Fehler korrigiert.

Bitte versuche Dich zu erinnern: Es gibt unterschiedliche Erklärungen zu den Ursachen und zur Entstehung der Schizophrenie.

Notiere die Erklärung, die Dir am ehesten eingeleuchtet hat, oder die Du für die beste Erklärung hältst. Es genügt wenn Du Stichworte oder kurze Sätze notierst, Du brauchst keinen langen, druckreifen Text schreiben.

9.8.3 Wissenstest Faktenwissen

- Je näher Personen mit einem Schizophreniekranken verwandt sind, desto höher ist die Wahrscheinlichkeit, selbst an Schizophrenie zu erkranken. (r)
- Die Wahrscheinlichkeit an Schizophrenie zu erkranken ist für den Bruder und den Enkel eines an Schizophrenie Erkrankten gleich hoch. (f)
- Frühkindliche Hirnschäden oder Komplikationen bei der Geburt erhöhen die Wahrscheinlichkeit, an Schizophrenie zu erkranken. (r)
- Menschen, die in einer Großstadt leben erkranken häufiger an Schizophrenie. Das kann mit der größeren Menge an Umweltgiften erklärt werden. (r)
- Erkranken beide eineiige Zwillinge an Schizophrenie ist das mit großer Wahrscheinlichkeit auf die genetische Übereinstimmung zurückzuführen. (f)
- Untersuchungen zum Familienmilieu legen die Annahme nahe, dass die negativen Umweltbedingungen eine Hauptursache der Schizophrenie sind. (f)
- Mit der Double-Bind Theorie liegt eine empirisch gesicherte Erklärung der Ursachen der Schizophrenie vor. (f)
- Schizophrenie kann ausschließlich mit Vererbung erklärt werden. (f)
- Eine hirnorganische, neurobiologische Ursache für Schizophrenie, die auch vererbt wird ist sehr wahrscheinlich. (r)
- Das typische Verhaltensmuster einer schizophrenogenen Mutter ist verantwortlich dafür, dass eine Person an Schizophrenie erkrankt. (f)
- Der Einfluss der Gene bei der Schizophrenie ist eher gering. Hauptursache ist die Umwelt, in der ein Patitent lebt. (f)

- Psychosozialer Stress kann bei einer vorliegenden genetischen Disposition zu einem Ausbruch der Erkrankung führen. (r)
- Der emotionale Umgang miteinander in der Familie wird auch vom Schizophreniekranken selbst mit bestimmt und beeinflusst, Umwelt und Krankheit beeinflussen sich also gegenseitig. (r)
- Das Diathese-Stress-Modell besagt, dass das zusätzliche Einwirken von psychosozialem Stress bei gegebener Disposition an Schizophrenie zu erkranken, die Wahrscheinlichkeit erhöht, dass es zum Ausbruch der Erkrankung kommt. (r)
- Vererbt wird letztlich eine genetische Disposition, ob die Krankheit Schizophrenie tatsächlich ausbricht ist damit noch nicht gesagt. (r)
- Langzeitstudien legen eine hirnorganische, neurobiologische Ursache für Schizophrenie nahe. Schizophrenie kann durch frühkindliche Infektionen oder Umweltgifte ausgelöst werden. (r)
- Schizophreniekranke kommen aus einer niedrigeren sozialen Schicht, haben eine schlechtere Schulbildung und erhalten weniger Gehalt. (r)
- Es ist sehr unwahrscheinlich, dass bei Personen bei denen phänotypisch keine Schizophrenie vorliegt, genotypisch eine Prädispostion vorhanden sein könnte, die nicht oder noch nicht zum Ausbruch gekommen ist. (f)
- Expressed Emotions auf einem hohen Level können vorhandene Symptome verstärken. (r)
- Als psychosozialer Stress haben die Expressed Emotions auf hohem Level letztlich keinen Einfluss auf den Wieder-Ausbruch einer Schizophrenie. (f)

Der Prozess des künstlerischen Schaffens in der Malerei
Interviews mit Künstlerinnen und Künstlern
(Forum Psychologie 7)
Von Isabel Corvacho del Toro
2007, 186 Seiten, Paperback, Euro 26,90/CHF 46,10, ISBN 978-3-89975-601-2

Das Buch leistet einen Beitrag zum allgemeinen Verständnis künstlerischer Schaffensprozesse und erarbeitet Instrumente für deren systematische Erfassung. Im Mittelpunkt steht die Rolle des Kunstschaffenden in seiner ganzheitlichen Individualität. Dabei berücksichtigt die Autorin die Dynamik im Prozess der kreativen Arbeit ebenso wie den Einfluss jeweils situativ vorgegebener Lebensbedingungen.

Bindungseinschätzung durch Erzieher/innen beim Kindergarteneintritt
Möglichkeiten und Grenzen eines Screeningfragebogens
(Forum Psychologie 6)
Von Karen Zweyer
2006, 360 Seiten, Paperback, Euro 45,90/CHF 75,00, ISBN 978-3-89975-596-1

Das Interesse beratend und therapeutisch tätiger Berufsgruppen an der Bindungstheorie wächst zunehmend, gleichzeitig fehlen jedoch ökonomische Messinstrumente zur Bindungserhebung. Die Autorin beschreibt einen Screeningfragebogen zur Elternbindung von Kindergartenkindern. Die Ergebnisse vergleicht sie mit Expertenurteilen zur Bindungserfassung in dieser Altersstufe.

Ehemalige im Kinderdorf
Innerseelische Situation und Persönlichkeitsentwicklung von Kindern und Jugendlichen in einer Einrichtung der stationären Jugendhilfe
(Forum Psychologie 4)
Von Georg Kormann
2006, 304 Seiten, Paperback, Euro 38,90/CHF 65,00, ISBN 978-3-89975-567-1

Der Autor dokumentiert Erfolge und Misserfolge der erzieherischen Einflüsse und Lebensumstände im Kinderdorf. Im Unterschied zu traditionellen Bewährungsstudien geht es ihm dabei um die Erfassung aus der Perspektive der Ehemaligen.

Ihr Wissenschaftsverlag. Kompetent und unabhängig.

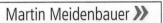

Martin Meidenbauer **»**

Verlagsbuchhandlung GmbH & Co. KG
Erhardtstr. 8 • 80469 München
Tel. (089) 20 23 86 -03 • Fax -04
info@m-verlag.net • www.m-verlag.net